程东升 著

专注的力量 2
广电运通数字化转型之路浅析

THE POWER OF FOCUS 2
GRGBanking's Digital Transformation Analysis

中国经济出版社
CHINA ECONOMIC PUBLISHING HOUSE

·北京·

图书在版编目（CIP）数据

专注的力量. 2，广电运通数字化转型之路浅析 / 程东升著. -- 北京：中国经济出版社，2024.1
ISBN 978-7-5136-7661-8

Ⅰ. ①专… Ⅱ. ①程… Ⅲ. ①国有企业 - 企业管理 - 数字化 - 研究 - 广州 Ⅳ. ①F279.276.51-39

中国国家版本馆 CIP 数据核字（2024）第 021943 号

策划编辑：崔姜薇
责任编辑：张　博
特约编辑：余铭一
责任印制：马小宾
封面设计：任燕飞装帧设计工作室

出版发行	中国经济出版社
印 刷 者	广州百思得彩印有限公司
经 销 者	各地新华书店
开　　本	710mm×1000mm　1/16
印　　张	19.75
字　　数	180 千字
版　　次	2024 年 1 月第 1 版
印　　次	2024 年 1 月第 1 次
定　　价	108.00 元
广告经营许可证	京西工商广字第 8179 号

中国经济出版社 网址 www.economyph.com　社址 北京市东城区安定门外大街 58 号　邮编 100011
本版图书如存在印装质量问题，请与本社销售中心联系调换（联系电话：010-57512564）

版权所有　盗版必究（举报电话：010-57512600）
国家版权局反盗版举报中心（举报电话：12390）　　服务热线：010-57512564

序言

"砥砺前行、不断探索"
——转型期中国制造企业转型升级成功之路

蓝海林

在众多介绍企业成功经验的著作中,《专注的力量2》是一本难得的好书。此书以"专注的力量"为题,以多种理论视角和丰富资料向读者展示了广电运通转型升级的主要历程和战略行为,使读者得到了一个全面了解、深入学习和认真研究中国制造企业转型升级战略的典型案例。作为一名长期从事企业战略管理研究的学者,我认为认真阅读此书或者认真研究这样一个典型案例，将有助于中国企业战略管理的研究者和实践者更有效地揭示和掌握中国制造企业转型升级的成功之道。

专注是一种深深刻在骨子里的印记，这种印记不仅是对其母公司广州无线电集团基因的一种延续，更是一种文化的传承。回顾广州无线电集团的发展脉络以及广电运通从萌芽破土到成熟壮大的整个过程，共出现过三次对广电运通产生深远影响的战略性转型升级，这三次转型都不是系统设计和整体推进的过程，而是"砥砺前行、不断探索"或者说"干中学"的过程。在这些过程的每个阶段上，从广州无线电集团到广电运通，都是基于已有的竞争优势去决定自己的战略取舍与承诺，然后再基于新构建的竞争优势去进行战略取舍或做出新的战略拓展。

改革开放以前，广州无线电集团是一家专门生产军用通信设备的军工企业，也是我国最早布局该领域的部属军工电子骨干企业之一。改革开放以后，在国家发展战略和工作重心转移的影响下，广州无线电集团率先融入市场经济，以体制机制创新为导向，积极探索混合制发展模式。20世纪70年代末期，广州无线电集团就实施了第一次战略性转型升级，即从军用通信设备研制向民用电子产品生产制造的转型，完成了从国有独资企业向股份公司的改制，先后从事过收录机、电子计算器、电视机、家庭音响等产品的制造，但终因经营不善，深陷重组困局。

在认真总结第一次转型升级经验与教训的基础上，广州无线电集团的战略管理者认为企业在从事军用通信设备研制过程中所形成的管理传统、技术导向和运营模式更适合面向机构客户而不是普通消费者，更适合技术密集型行业而不是劳动密集型行业，更适合根据客户需求研制产品而不是标准化产品的大规模制造。经过近五年的探索，广州无线电集团终于在1999年找到了一个符合上述管理传统、技术导向和运营模式要求的业务——向银行客户提供ATM机设备和服务，并且通过对广州运通科技工程有限公司的收购重组开启了自己的第二次战略性转型升级，在原有民用电子产品制造业的基础上开辟出一条专注ATM机制造和服务的新产业，广电运通由此诞生。凭借"专注的力量"，广电运通在接下来十几年的发展中一跃成为国内最大以及世界领先的ATM机制造和服务企业。

尽管第二次战略性转型升级使广电运通在"专注的力量"影响下不断发展壮大，但是"树欲静而风不止"，技术进步所带来的ATM机及其相关服务市场的需求变化，开始挑战广电运通对ATM机及其相关服务的"专注"。为了有效地应对这种挑战，2012年至2016年，广电运通在"保持专注"的前提下，充分发挥在位优势，在相关领域进行积极探索，最终在2017年决定实施第三次战略性转型升级，即从银行ATM机制造和服务商向金融等多场景人工智能技术和服务商转型。在这次转型升级的第一阶段，广电运通利用自身在银行及相关金融服务行业所形成的场景优势，通过专注于技术创新，尤其是人工智能技术的研发及场景应用创新，不断满足客户管理升级的需求，引领金融场景智能化、智慧化升级，取得了良好效果。在这次转型升级的第二阶段，广电运通开始将在金融场景中形成的人工智能领域技术优势向其他场景迁移。虽然迁移的过程面临着种种挑战，但这种创新探索值得期待。

相对于同一时期的其他企业，尤其是国有控股企业来说，广电运通之所以能够在"砥砺前行、不断探索"中不断前行，首先归功于企业在体制和机制创新的保障下，将"专注"变成了企业的管理传统或者战略导向，将"专注""专业"和"专长"变成了企业成长的核心逻辑。

广电运通战略管理者对"专注"的关注和认同源于对其母公司广州无线电集团第一次战略转型的反思。改革开放之初，民用电子产品市场机会多且竞争不激烈，广州无线电集团在从军用通信设备研制向民用电子产品制造的转型中不仅具有技术优势，而且具有区位、资源和先发优势，但机会导向战略导致广州无线电集团不能够将有限的资源与精力高度聚焦于特定的业务或者产品，也无法将自身在民用电子产品行业中构建的暂时优势转化为企业的核心专长。以李承志、赵友永为代表的广州无线电集团原领导班子是一批具有企业家精神的国有企业管理者，他们在无线电集团第一次战略性转型的探索中发现，无论企业所面临的机会有多少或者多好，企业的资源与能力总是有限的。有鉴于此，"专注"，更准确地说是"取舍清晰"与"承诺坚定"，不仅是企业战略在"乌卡环境"下维持有效性的保障，更是企业有效构建和强化核心专长的基本前提。

在此基础上，李承志、赵友永等在认真分析无线电集团的管理传统、竞争优势与劣势后，基于资源基础的战略思维，决定将新成立的子公司广电运通定位在高度"专注"于ATM机制造与服务上；其次，他们把握机遇，通过产权改造和体制、机制的创新，为广电运通保持对ATM机制造与服务的专注提供了制度上的保障。正是由于广电运通在长达十多年的时间里保持了这份专注，广电运通才能够在坚持专业化经营的前提下，以客户为导向，积极发现并解决关键问题，从而在多个关键价值创造环节构建了可持续的竞争优势，即企业的核心专长。正是因为第二次战略性转型升级的成功，使保持战略上的"专注"成为一种管理传统或者战略导向被广电运通所继承。

在第二次战略转型的中、后期阶段，互联网、移动通信、数字化、大数据、人工智能等技术的发展已经使整个金融服务行业，特别是国内银行业的场景、业务模式发生了一系列重大和趋势性变化。面对变化，广电运通开始主动寻求战略上的调整，但在以下两个战略路径的选择上显得有些犹豫，一个是将基于现有场景所形成的技术优势水平向其他场景迁移，另一个是在现有场景基础上实现技术升级换代。经过周密调研、冷静分析评估后，2017年，广电运通基于对原有管理传统及战略导向的继承和创新，终于决定选择第二条战略路径，基于企业自身对金融，特别是银行场景的了解，分析未来银行，乃至整个金融服务行业商业模式与需求的变化，提前布局人工智能赛道，最终在为金融机构提供人工智能系统解决方案上赢得了先机，同时也在下一轮更广泛的战略拓展中赢得了主动。

广电运通能够不断前行的第二个重要原因，是其在"专注"的同时能够重视创新的力量，并且能够在转型升级的过程中有效处理好"专注与创新"的关系，从而不断地构建和强化企业的核心专长。

一方面，从企业战略管理的角度来说，所谓"专注"就是一种战略性的取舍与承诺，也可以说是战略性的"划界"与"守界"，解决的是企业通过"以静制动"去应对"乌卡环境"的问题。有效的"战略性取舍或者划界"需要企业基于已有的资源与能力，尤其是竞争优势，去选择"合适"的业务范围、目标市场、经营方式，甚至市场定位，而有效的"战略性承诺或者守界"则需要企业能够将足够的资源配置于关键价值创造环节，直至形成核心专长。正是由于这种战略性取舍的清晰与坚定承诺,广电运通才能够迅速把握关键环节,通过集中配置资源与精力,成功践行了从"专注""专业"到"专长"的理念。

另一方面,所谓"创新"就是一种战略性的改变或者"自我否定",也可以说是"跨界"或者"再次划界",解决的是企业通过"以动制动"去应对"乌卡环境"的问题。有效的"战略性改变"或者"跨界"需要企业在"新旧边界"之间既保持一定的连续性,又要具有一定的创新性,从而使企业在转型升级中能够发挥和强化核心专长。从表面上看,广州无线电集团从军用通信设备的研制与服务向民用电子产品生产制造的战略性转型就是一种战略性创新或者"跨界",没有这次战略性创新,广州无线电集团很有可能在改革开放之初就失去存在的理由了,也不再会有后来的广电运通。虽然这次以转换场景为主的创新最终由于取舍不当而失败,但是其间的战略实践不仅克服了广州无线电集团在大规模制造方面的劣势,也让广州无线电集团明白了自身的竞争优势或者经营传统就是基于特定顾客的个性化需求而定制产品,从而为实施第二次战略转型奠定了基础，广电运通也由此诞生。从敢饮"头啖汤"率先融入市场经济，从民用电子产品生产制造到布局专注于ATM制造的新赛道，广州无线电集团锐意进取、敢于创新转型的基因被广电运通所继承。广电运通从银行ATM机制造与服务向为金融业提供人工智能系统解决方案转型又是一次战略性创新或者"跨界"，尽管这次以技术创新为主的转型升级仍在进行中，但从目前所取得的成效来看，这一次战略转型的历史意义或许更大。从以往战略转型的过程来看，广电运通似乎已经形成了一种转型升级战略模式：首先通过专注于发现和满足特定场景和特定顾客的诉求，并且以特定场景的顾客需求带动产品或者服务创新、技术创新和管理创新；然后再基于产品、技术与管理竞争优势的发挥和强化，进入相关的新场景，使企业在场景与技术创新的良性互动中不断前行。

作者系华南理工大学工商管理学院教授、博士生导师，中国企业战略管理研究中心主任，曾任华南理工大学工商管理学院院长,先后入选教育部新世纪优秀人才支持计划、中央宣传部文化名家暨"四个一批"人才名单、国家"万人计划"第二批哲学社会科学领军人才,被广东省政府授予"广东省优秀社会科学家"称号。

大数据时代的大机遇

张文生

毫无疑问,数据正在成为重组全球要素资源、重塑全球经济格局的关键。推动以数据为基础的战略转型已经成为众多国家和地区抢占竞争制高点的重要战略选择。

我国高度重视大数据,早在10年前就将大数据上升为国家战略。"大数据"多次被写进《政府工作报告》,提出大数据作为转型的核心要素,正在发挥着巨大的作用,要以新技术新业态新模式,推动传统产业生产、管理和营销模式变革,促进数字经济加快成长。

数字经济到来的时候,一个以大数据为核心要素的大时代就到来了。

根据IDC数据,2020—2024年全球大数据市场规模约实现10.4%的复合增长率,预计2024年全球大数据市场规模约为2983亿美元。全球大数据中心主要集中在美国、中国及日本。

赛迪顾问统计,截至2021年底,我国大数据市场规模达到7512亿元,增速为17.6%,预计未来增速仍可保持在15%以上。我国完成入库的全国大数据企业共16565家。其中北京市大数据企业最多，达3531家；广东省排名第二，企业数量2745家；上海市排名第三，企业数量1651家。排名前三地区的大数据企业接近全国大数据企业总量的一半。

从具体行业来看，互联网、金融和电信三个行业由于信息化水平高、研发力量雄厚，在业务数字化转型方面处于领先地位。政府大数据是近年来政府信息化建设的关键环节。工业大数据和健康医疗大数据作为新兴领域，数据量大、产业链延展性高，未来市场增长潜力大。

大数据产业链涉及范围极广。大数据产业链分为基础支撑、大数据服务、大数据应用三大块。中游大数据服务领域，随着5G商用的全面推广，数据采集和预处理需求将快速提升，提供第三方数据分析、可视化和安全服务的市场也将持续壮大；下游应用市场，除发展较早的政务大数据、交通大数据外，工业、金融、健康医疗等众多领域的大数据应用均初见成效。

2017年以来，广电运通从研发生产传统的ATM等现金处理机具，转型为以数据处理为核心的，领先的行业人工智能解决方案提供商。广电运通基于20多年服务金融行业的丰富经验，在AI技术的加持下，在协助客户搜集、挖掘、应用大数据方面具有独特的先天优势。但技术的发展日新月异，市场也瞬息万变，为此，广电运通在人工智能、大数据技术方面投入了巨额资金，汇聚了大量行业内的精英，开展了大量核心技术研究。

2019年3月开始，我先后受聘为广电运通人工智能首席科学家、大数据首席科学家。2020年到2022年，广电运通牵头、联合多家研究机构，一起承担了广东省重点领域研发计划项目——新一代人工智能"面向数据智能标注的弱监督与自学习方法及系统验证"的技术攻关任务。

人工智能系统的核心是机器学习算法，当前机器学习算法的性能严重依赖标注训练数据。数据标注公司如雨后春笋，应运而生，包括文本领域的翻易通（Flitto）全球化翻译平台，图像领域的泛函科技人脸标注服务等。针对日益复杂化、精细化、专业化的数据标注要求，传统的密集型、单一型标注人员，已经不能够满足需求，专业型、通用型的标注人力成本激增，成为限制人工智能系统发展的主要瓶颈。

上述研究针对大数据智能关键基础体系进行建设，开展数据智能标注的弱监督与自学习方法及系统验证研究，拟建立数据智能标注模型和弱监督与自学习机理基础理论，开发弱监督学习、无标注学习和增量式自主学习的通用与专用技术，建设弱监督与无监督学习的一体化智能标注开放云平台应用验证。

不仅如此，上述研究可实现（极）弱监督条件下对数据的智能标注，为无人驾驶、智能安防、智慧医疗等领域提供稳定持续的一体化智能标注服务支撑，提高人工智能系统性能；可以提高辅助诊疗的精确性，提高康复比率，降低就医成本；可以减少安防监控人手，填补安防漏洞；可以提高无人驾驶稳定性，降低事故比例。

上述研究成果对建设大数据智能关键基础体系的工作有显著推进，对于促进人工智能研究取得新进展、推动我国在大数据和人工智能时代抢占发展先机具有重要作用。

"面向数据智能标注的弱监督与自学习方法及系统验证"只是广电运通在大数据方面取得的众多

研究成果之一。正因为广电运通高度重视研发工作，在核心技术上取得了大量研发成果，才确定了其在业内较为领先的地位。

当然，大数据应用还需要高效、安全、可靠的硬件设备，为此，广电运通与华为等业内优秀公司合作，置备了功能强大的算力设备，构建了一个相对完整的产业链条。可以说，广电运通在大数据产业的多个环节上拥有了明显的比较优势。

正因为如此，转型以来，广电运通在金融科技、智慧城市、便民服务等领域都取得了可喜的市场业绩。

未来，数据采集与标注的需求会不断增长。随着人工智能商业化在算力、算法和技术等方面日益成熟，人工智能细分场景、专业垂直的赋能需求日益增长，数据采集与数据标注将会趋向于精细化、场景化、专业化。这也将给大数据产业带来更大的市场需求，产生更大的商业价值。

大数据的应用也会更加广泛和深入，从这个角度来看，广电运通在大数据产业里拥有巨大的发展空间。这是数字时代赋予广电运通的大机遇。

广电运通人有着老广州无线电人拼搏奋斗的传

统，有继往开来、拥抱新技术新事物新模式的开放精神，有不畏权威、敢于质疑、勇于挑战的创新精神。这是广电运通人能取得今天成就的重要原因，也是广电运通未来可持续发展的重要保障。

我非常欣喜地看到，广电运通拥有一大批杰出的技术研发人员，拥有具有企业家精神的管理团队。我对广电运通的未来充满了信心。

本书内容翔实，在很多前沿问题上给出了独到的观点，有一定的前瞻性；本书也描述了很多细节，可读性强。我诚意推荐本书，相信读者会有很多收获。

作者系广电运通大数据首席科学家，国家新一代人工智能重点研发计划首席科学家，中国科学院自动化研究所特聘研究员、博士生导师。

AI"场景化"成功应用的独特模式

赖剑煌

人工智能是一门综合学科,涉及计算机、经济学、社会学、生物学、心理学等多个学科。

我国高度重视人工智能发展,顶层设计不断完善。2018年10月31日,习近平总书记在主持中共中央政治局第九次集体学习时强调,要深刻认识加快发展新一代人工智能的重大意义,加强领导,做好规划,明确任务,夯实基础,促进其同经济社会发展深度融合,推动我国新一代人工智能健康发展。

进入数字经济时代,我国人工智能发展也进入快车道,国家已经把人工智能纳入新基建范畴。根据《中国互联网发展报告(2021)》数据,我国人工智能企业共计1454家,居全球第二位,仅次于美国的2257家;智研咨询发布的《2022—2028年中国人工智能行业发展策略分析及投资前景研究报告》显示,2021年中国人工智能融资交易事件为1132起,同比增长32.7%,融资金额为3996.4亿元,同比增长51.4%,融资规模创历史新高;艾瑞咨询预测,到2025年,我国人工智能产业规模将突破

16000亿元。

  时势造英雄。在人工智能行业快速发展背景下，我国也涌现出一批优秀的人工智能企业。广电运通就是一家抓住行业风口而快速发展起来的人工智能代表性企业。

  我是研究机器视觉的，与广电运通的核心技术研发团队有很多交集。2017年之前，广电运通的主要产品——金融电子终端设备的核心技术之一就是机器视觉。

  2005年，广电运通成功地研发出ATM机核心模块，即ATM机"中国芯"——钞票识别模块。这意味着广电运通在机器视觉等多项技术上取得了重大突破。由此，我国成为全球第三个拥有ATM自主机芯研发技术的国家，这对于我国在这一领域彻底打破欧美国家的垄断起到了决定性作用。

  广电运通没有止步于此。

  随着数字经济时代的到来，广电运通迅速向AI产业转型，在短短几年时间内就走出了一条独特的发展之路。

  多年来，我与广电运通的技术研发和管理团队有过很多交流，对广电运通的技术优势也比较了解。

出于对广电运通的认同，我还出任了广电运通机器视觉首席科学家。

广电运通非常注重与高校等外部机构进行技术合作、实施产学研一体化。

2019年9月25日，广电运通在黄埔科学城产业园区举行人工智能产学研合作研讨会暨签约仪式，我也应邀出席了此次活动。活动中，来自广东省工业和信息化厅、广州市工业和信息化局、广州市科学技术局、黄埔区工业和信息化局的相关领导，中山大学、华南理工大学、电子科技大学、暨南大学等高校的教授专家，以及广电运通研发骨干80余人，针对人工智能技术发展趋势，研讨和谋划粤港澳大湾区产学研合作新模式。广电运通在现场举行了产学研签约仪式，将与广州大学共建面向粤港澳大湾区的高端产学研用平台，并联合培养人工智能领域的高端技术创新人才。

在现场演讲分享中，我提出，AI技术的应用应该回归"使人类的生活更加美好"的初衷，故此，我们应更多地将人工智能技术聚焦到人们的实际生活、生产场景中，"国内的场景需求肯定会越来越多，我们的专家和企业不但要做人工智能，而且要做到领先"！

现在回头来看，短短几年的时间，在 AI 场景化应用领域，广电运通已经真正做到了领先同业。

广电运通有 20 多年服务银行等金融业的丰富经验，对金融业的本质理解得非常深刻，对金融业的业务流程非常熟悉，对金融业的转型需求和变革方向非常清楚，因此，在将 AI 技术应用于金融科技的时候，场景优势非常明显。广电运通以场景应用为切入点，反向推动技术创新，按照"第一年确定方向、第二年深耕基础、第三年协同推进"的节奏进行，有序展开人工智能领域的战略布局。

2018 年，广电运通以"AI+场景应用"的模式，强势切入"智能金融、智能安全、智能交通、智能便民"四条赛道；2019 年，公司自主研发人工智能大数据平台 aiCore System，构建"平台＋产品＋算法＋服务"的全场景解决方案，打造 AI 产业生态圈；2020 年，公司牵手华为鲲鹏、注资五舟科技，进一步加快 AIoT 战略算力布局。

截止到 2023 年，广电运通已经从 ATM 业务一枝独秀转型为包含金融科技、城市智能、大数据、区块链等多领域的"数智型企业"。

AI技术大概可以分为基础层、技术层和应用层。可以说，广电运通在"场景化"应用层已经取得了明显的技术优势、市场优势，积累了明显的品牌优势。

今天的广电运通，业务结构进一步优化升级，各项经营指标保持稳定增长。广电运通的整体市值也从2017年底转型前的158亿元跃升至2023年4月的300多亿元。这显示出资本市场对广电运通经营业绩的高度认可。

广电运通向人工智能转型以来，投资者存在很多疑惑。本书系统介绍了广电运通从ATM机向人工智能转型的历程，给出了为什么转型人工智能的答案，全面解答了投资者的各种疑惑。

管理大师查尔斯·汉迪曾经说过，"企业需要在第一曲线达到巅峰之前，找到驱动企业二次腾飞的第二曲线，并且第二曲线必须在第一曲线达到顶点之前开始增长，弥补第二曲线投入的资源（金钱、时间和精力）消耗，那么企业永续增长的愿景就能实现"。

可见，企业从第一曲线到第二曲线的跨越其实是一个非连续性跨越，在这个时期绝大多数企业都会面临业务经营重组、新业务开拓、管理体系重塑等，这对于任何一个企业来说都不可能是一个简单轻松的过程。

多年坚持自主研发，广电运通的人工智能技术底蕴已经非常雄厚。在向 AI 转型之前，广电运通已经掌握了文本识别、语音识别、生物识别等多领域的算法和技术，而这些算法和技术恰恰就是人工智能的重要内容，也为广电运通顺利开启向人工智能转型奠定了基础。正如书中的一句话"广电运通就是'天生的人工智能企业'"。

广电运通一边继续推进自己在金融电子终端优势主业的数字化升级，一边主动寻求新赛道，寻找更多有前景、有衔接性的"广电运通二次增长新产业"。AI 的场景化应用，就是广电运通找到的二次增长新产业。

这几年的实践说明，广电运通在人工智能产业方面走出了一条独特的发展道路，创新了一种独特的发展模式，为推进中国人工智能产业的发展做出了自己的贡献。

广电运通充分发挥了场景优势，正在实现我之前所说的以 AI 技术"使人类的生活更加美好"的愿望。

千磨万击还坚劲，任尔东西南北风。在数字经济时代，我眼中的广电运通，正如同那经历过多次风雨锤打的岩竹，可能会出现短暂的摇摆，但随着它的根基一步步深入岩石深处，它将会更加坚韧挺拔，青翠欲滴！

作者系广电运通机器视觉首席科学家，中山大学计算机学院二级教授、博士生导师，中国图象图形学学会副理事长、会士。

拥抱数字时代

薛泉

《黄帝阴符经》说:"观天之道,执天之行,尽矣!"

数字时代正在来临。

从产业的角度看,以数字为核心的生产要素,就是数字技术的"道";正在蓬勃兴起的数字产业,就是数字的"行"。数字经济就是遵循了技术发展的"道",落实了产业变革的"行"。

与以往所有的技术革命不同,数字技术对社会、经济影响之深之广,是史无前例的。如果说,蒸汽机、电气等技术对经济、社会的影响是线性的,那么,数字技术对经济、社会的影响则是指数级的。

数字技术是随着计算机和通信技术的发展应运而生的。人工智能(AI)和新一代移动通信(5G、6G)的"通信+智能"融合,对数字技术产生了强烈的"核聚变"效应。以数字为驱动力的创新浪潮,正在改变着人类生产和生活的各个方面。

从计算的角度来看,随着算力的增长和算法的提升,人工智能已经从研究机构走入寻常百姓家。

以 ChatGPT 为代表的大众人工智能工具正在蓬勃发展，且已经取得了巨大的市场成功。而专业领域的人工智能技术更是经历着日新月异的快速演进，深刻影响着社会、经济的方方面面。

作为计算机技术的一个分支，人工智能的研究不仅涉及计算机科学，且还涉及脑科学、神经生理学、心理学、语言学、逻辑学、认知（思维）科学、行为科学和数学，以及信息论、控制论和系统论等许多学科领域。人工智能是一门高度综合的交叉学科和边缘学科。

人工智能的出现和发展具有划时代的意义。人工智能已经在很多领域拥有内容生产、逻辑推理能力。未来，人工智能有可能如人类那样思考，甚至有可能超过人的智能。从通信的角度来看，5G 原有的三大特性包括：增强移动宽带、海量物联、高可靠低时延。随着应用场景的延伸和扩展，业界对 5G 提出了新的性能需求，5G-A 应运而生，发展出了三个新特征：宽带上行速率、实时海量通信、通感算一体化。

与以往的移动通信技术不同，5G 技术具有吞吐量能力强、频率利用率高、联网设备强、可靠性高等特点，可以更好地服务"城市智慧＋快捷服务"场景，实现了工业化和信息化的结合，成为提升城市治理能力和智能化水平的重要力量。

AI 在移动通信的助力下，能把感知、存储、计算等综合能力投递到各种终端和应用场景，打造一个万物互联、万物智能的世界。

在过去的高技术产品研发和生产中，广电运通成功地将 AI 技术广泛应用到了金融业、智慧城市、便民服务等众多领域，取得了良好的市场反馈。这些应用的背后是一套完整的信息搜集、处理体系，这个体系高速高效运行的重要支撑就是通信技术，这是各种信息快捷、精确、完整传递的保障。

广电运通研发的实物智慧管理解决方案在某股份制银行总行落地后，实现了押品权证智能化、全自动盘点、流转全流程监控追溯、权证影像化管理等，5 万份押品在 10 分钟之内可盘点完成，盘点效率提升 100 倍以上，其安全性显著提高、工作效率大幅提升、运营成本明显降低。

上述实物智慧管理解决方案巧妙地融入了 5G 通信技术，并成功地应用在金融科技、智慧城市、智慧交通、智慧便民等领域中。

广电运通落地的大量成功案例，验证了 AI 与 5G 通信技术融合的高效和高可靠性，同时验证了广电运通技术的先进性。

过去，广电运通在 ATM 产品技术上填补了国内空白，并且引领了 ATM 等众多技术的发展。5G 和 AI 时代到来后，广电运通成功地把以 ATM 为主的智能技术转型成为集新一代 AI 和移动通信于一体的综合数字技术。广电运通已经成为所在行业的领军企业，正在以自己的方式推动数字技术的广泛落地。

作为一名 5G 技术和无线通信领域的研究者，我为广电运通的成功实践感到欣喜和自豪。

广电运通这样的优秀企业，不断地推广 AI 和 5G 技术，在实践中积累了大量案例，从各个领域构建万物互联、更加智慧的世界。

从技术演进的角度看，广电运通的"转型"其实只是一种升级——从掌握处理钞票的核心技术，到掌握处理数据的核心技术，正如本书所言，这种转型在技术上是一脉相承的。短短数年，广电运通在 AI 领域里取得的显著成就，与这种技术的延续性密不可分。更进一步看，全面进入 AI 领域后，就进入了一个更为广阔的发展空间，曾经依赖某些单一行业的过往被逐步改变，广电运通的发展充满了无数可能。

从全球来看，数字技术、高端制造等逐渐成为世界各国产业竞争的重点领域。中国数字技术起步虽然不算很早，但发展很快，尤其是在市场应用层面，其市场规模和应用的深度、广度在某些方面已经走在世界前列。比如本书所写的广电运通给银行等金融机构提供的智能一体机、综合解决方案等，其智能化程度在全球领先，给大量金融机构节约了大量人力物力成本、提升了运营效率。

在全球市场上，广电运通的多种产品都取得了非常好的市场成绩，这是全球市场对广电运通技术和产品的认可。这是中国智造在全世界的影响力。

广电运通在数字经济领域的成绩充分说明，我国工业科技行业拥有广阔的发展前景，工业企业必须抓住机遇，乘势而上。而数字化的深入发展，AI技术的广泛应用，将大大促进我国工业科技行业走上更高效率、更高质量的发展之路，进而提升中国经济的综合竞争力。

我期待看到更多类似于广电运通这样的优秀企

业出现。

本书既立足全球，描述了数字经济的宏观背景、发展趋势，又聚焦广电运通这家公司，记录了广电运通基于长期服务金融行业的优势，立足金融科技向 AI 转型，赋能千行百业的变革过程，内容充实、逻辑清晰，可读性强，我非常乐意推荐。

作者系广电运通 5G 金融首席科学家，华南理工大学教授、博士生导师、海外高层次引进人才、IEEE Fellow。现任华南理工大学电子与信息学院院长、集成电路学院院长、广东省毫米波与太赫兹重点实验室主任，同时担任国家 6G 技术研发总体专家组成员，广东省通信标准化技术委员会主任。

自序

因为专注　　所以专业

威斯康星大学戴维森教授说：专注于明确的目标，并排除干扰，这是在任何领域取得成功的关键。

文艺复兴时期的传奇雕塑家米开朗琪罗说：因为简单，所以专注；因为专注，所以专业。

唐朝薛易简在其《琴诀》中说："乃定神绝虑，情意专注，指不虚发，弦不误鸣。"

"简单比复杂更难，你必须努力让你的想法变得清晰明了，让它变得简单。一旦你做到了简单，你就能搬动大山。"亚当·格雷萨在其名为《专注：把事情做到极致的艺术》的著作中提出，人类大脑的注意力是有限的，只有一次专注一件事，才能在充满干扰的世界中，不浪费人生。

专注给人带来的好处多多，但专注力从来都是一种稀缺资源。

丹尼尔·戈尔曼，哈佛大学心理学博士，专门研究行为与头脑科学，也是美国《时代》（Time）杂志的专栏作家，在其《专注》一书中揭示了一个朴素的道理——在这个有着许多干扰因素的世界中，提高专注力是获得成功和自我实现的关键所在。

作为长期观察广州无线电集团、广电运通的成长，与广州无线电集团近三代领军人都有交集的第三方学者，我发现广电运通自成立以来，几任领导团队、董事会都坚定地秉承专注的精神，服务于金融科技。

2011年，国内畅销经管类书籍作家张廷伟经过多年跟踪了解，编著了《专注的力量》一书，该书记录了广电运通自成立以来，聚焦金融自助设备领域，铸就了"专注"的基因。时任经营班子带领广电运通，在金融电子核心技术上不断突破，自主研发的多项核心技术填补了国内空白，引领我国钞票识别技术和出钞技术达到国际先进水平，夺取了长期被国际行业巨头占据的市场主导地位，为推动我国货币识别和处理设备的国产化进程做出了卓越贡献。广电运通自主研发的系列自动柜员机（ATM）、轨道交通自动售检票机（AFC）等货币处理设备及系统解决方案多次荣获"国家重点新产品"称号，产品及服务远销全球110多个国家和地区，连续十多年位居国内银行现金智能设备市场第一。

广电运通始终聚焦金融科技领域，确立了以用户需求为导向的发展原则，在金融科技领域打下了坚实的技术基础，塑造了良好的品牌形象，积累了丰富的经验，培育了优秀的人才梯队，为广电运通2017年正式开启"人工智能+"战略，从"处理钞票"向"处理数据"的转型升级提供了良好条件。

2017年开始的新一届董事会延续了广电运通"专注"的精神。随着技术的更新换代、消费者消费行为的变化、客户需求的更新，广电运通主动变革，就金融客户来讲，广电运通的传统业务是围绕现金处理这一核心技术，研发、生产、销售ATM机等系列产品，并提供相应的配套服务。数字经济时代到来后，广电运通围绕金融客户数智化转型这一核心，为金融客户提供覆盖全线产品全流程全系统的综合服务，形成了以数据处理为核心的AI赋能产业的能力。

当前，广电运通的技术体系已经从单一的"钞票识别"发展到"多模态身份识别"，核心算法涵盖图像识别、人脸识别、指静脉识别、掌静脉识别、行为分析等技术领域，成为领先的人工智能行业应用企业。

在以数据为核心的产业链条里，广电运通还布局了数字经济投资、数字化平台建设与运营、数据资产交易等环节，最终形成了极具特色的数字产业链。

短短几年时间，广电运通以 aiCore 为核心的大数据平台、以 AIoT 物联设备为终端、以解决方案为应用场景切入口的 AIoT 生态，初步构成面向金融科技、智慧城市的"智能终端＋大数据"产业格局，赋能千行百业。

广电运通的专注在于：一是专注于金融科技这一核心主业，充分挖掘金融科技企业的深层次需求，并进行前瞻性研判；二是从资金流这个社会经济中最重要的要素流入手，专注于通过数据处理赋能千行百业；三是专注于技术研发，以技术立企，通过满足客户的需求获得价值。

在上述过程中，广电运通一直恪守"专注""专一""专业"原则，因专注而专一，因专一而专业。而创新则是广电运通实现"专注"的路径，在技术与产品的研发上创新，在市场和业务上创新，在管理上创新,在体制和机制上创新……

广电运通新一届领导团队继承和发扬了"专注"的精神。"专注"的广电运通,在全面创新的驱动下,内部活力迸发,市场捷报频传,获得了资本市场的高度认可。

未来,面对外部的诸多不确定性,广电运通还将继续发扬"专注"的精神,不念过往、不惧未来、行稳致远。

这就是我们策划、出版《专注的力量2》的初衷。

程东升

目录 CONTENTS

第一章
专注是持久创新动力

数字经济浩浩荡荡　//　004

进入人工智能时代　//　008

ChatGPT 的爆红背后　//　011

广电运通的 AI 战略抉择　//　014

从金融服务到人工智能　//　016

知己知彼，百战不殆　//　018

遍访硅谷，追寻转型　//　022

投巨资自主开发技术底座　//　024

群聚效应与生态体系　//　034

传统业务稳步发展　//　040

做数字经济时代的弄潮儿　//　043

第二章
AI 赋能银行创新

网红银行的数字实验　//　052

AI 推动银行 4.0 时代　//　056

数智营销成时代新宠　//　058

数智化助力降本增效　//　063

推动银行加速融入千行百业　//　070

迎接数字人民币浪潮　//　074

金融科技跑出加速度　//　079

新技术重塑明日金融　//　084

第三章
AI 让城乡治理更有温情

人工智能赋能城市治理　//　092

市域智慧治理新标杆　//　097

协助某市向数据资源型城市转型　//　102

AI 赋能　让交通运行智能高效　//　117

AI 支撑　强化国资智慧监管　//　128

AI 加持　助力智慧审计　//　133

AI 参与　点亮平安未来　//　137

AI 上线　打通政务服务"最后一百米"　//　144

第四章
共建信创新生态

信创产业在困境中启航 // 152

科技自主的必由之路 // 155

合作华为　布局广电鲲鹏计算机 // 159

收购五舟科技　布局信创核心硬件 // 161

整合核心技术　打造自主全栈方案 // 166

金融信创打破渠道壁垒 // 167

构建安全自主可靠云服务 // 169

参与多项标准制定 // 170

护航大湾区数字化安全发展 // 171

第五章
人类第四次迁徙与数据要素

人类的"第四次迁徙" // 178

数据成新型生产要素 // 181

从 IT 运维到数据运营 // 184

广州数交所促进数据流转 // 186

跨产业链数据治理成为新焦点 // 195

资本助力数字产业建圈强链 // 198

数字经济促高质量发展 // 211

第六章
争当国际化探路先锋

做国际化探路先锋　//　219

自主平台海外落地　//　227

海外市场转型升级　//　229

全球金融科技市场规模持续上涨　//　234

第七章
机制创新激活发展新动能

"产业+资本"双轮驱动　"投融管退"闭环释放资本价值　//　243

广州市级国资体系首个"A拆A"案例　//　248

广州国资收购整合经典范例　//　252

深化混改　成功实现体制机制双重革命　//　258

创新管理"四能"机制　//　263

不是结语的结语
路远，行则至；事难，做必成　//　267

第一章
专注是持久创新动力

战略和时机是获得胜利的关键。

——《战争论》作者卡尔·冯·克劳塞维茨

我国建设面临工业化、信息化、市场化、城市化，尤其是国际化带来的新形势。存在着能源、环境、资源、生态、灾害等多种危机。是否可以这样说，中华民族伟大复兴的历史重任落在我们这一代人的肩上。

信息技术革命其实是一直在进行的，现在是海量信息时代，信息存储、运算和通信能力的指数级增长是我们所需要面对的。

——中国科学院院士　戴汝为

数字经济大潮来临的时候，秉承专注精神的广电运通，顺应时代、响应国家战略，勇敢地拥抱数字经济、AI技术，迅速遏制住了ATM设备销售业务持续下滑的态势，业绩开始稳步增长。在疫情笼罩之下的2020—2022年，广电运通更是取得了不凡的业绩。短短几年时间，广电运通从专注于纸质钞票处理转型为专注数据处理、国内领先的人工智能行业应用领军企业。

孙子曰："兵者，国之大事，死生之地，存亡之道，不可不察也。"

战争的目的是消灭敌人，保存自己；商业的目的是创造价值，赢得客户。兵战同商战当然有异质性，但也有同质性；竞争与战争比起来，残酷性自不可同日而语，但对于失败者来说，结果却同样残酷无情。

商场如战场，形势瞬息万变，机会转瞬即逝。无论对于组织还是个人，战略性的错误向来都是最致命的错误。

著名西方战略研究学者钮先钟说：战略是一种思想、一种行动、一种计划，是为了达成一定的目标，在特定的环境下，对自己的资源和能力进行最佳配置和组合的一种方法。

从战略规划走向战略实施，离不开战略关键点。广电运通的人工智能之路，就是在深刻的战略洞察基础上，保持战略定力、专注战略关键点的艰难求索，最终依靠"上下同欲者胜"，开启"二次创业"，并取得了被市场认可的业绩。

这一切，要从2017年说起，这也是广电运通人公认的"二次创业"起点。这个起点有一个宏大的历史背景——数字经济。

数字经济浩浩荡荡

2017年12月,经过一年多的探索、调研和争论,广电运通上下统一了思想,着重强调了公司战略关键词——"转型",从转型的信心、定位、心态,以及组织与干部管理等方面进行工作部署。

管理大师德鲁克有句名言:"动荡时代最大的危险不是动荡本身,而是仍然用过去的逻辑做事。"

在战争中,战场的地形决定了兵力的部署;在竞争中,市场的"地形"决定了资源的配置。而在全球化背景之下,"地形"的多样性与多变性会更加显著。

"竞争战略之父"迈克尔·波特指出,市场竞争的原则之一,就是"选择合适的战场,使该公司最突出的能力成为最锐利的武器"。

多方论证之下,广电运通高层选择了一条不同寻常的道路——数字经济中的人工智能。

彼时,数字经济大潮已经汹涌澎湃。

2014年,"大数据"被首次写入国务院《政府工作报告》,中国大数据产业开始蓬勃发展,大数据创业公司崛起。2015年,国务院正式印发《促进大数据发展行动纲要》,大数据上升为国家战略。2016年,"十三五"规划纲要提出,实施国家大数据战略,把大数据作为基础性战略资源，全面实施促进大数据发展行动，到 2020 年，力争在基础研究、应用研究和战略前沿领域取得重大突破，全社会研发经费投入强度达到 2.5%，科技进步对经济增长的贡献率达到 60%，迈进创新型国家和人才强国行列。

2017 年，"大数据"第四次被写进《政府工作报告》，这一年的《政府工作报告》中首次提到"数字经济"领域，大数据作为转型的核心要素，正在发挥着巨大的价值，要以新技术新业态新模式，推动传统产业生产、加速管理和营销模式变革、促进数字经济加快成长。

中国信息化百人会课题组发布的最新报告显示，2016 年我国数字经济规模达 22.4 万亿元，占 GDP 的比重为 30.1%，2016 年我国数字经济增速高达 16.6%，分别是美国（6.8%）的 2.4 倍、日本（5.5%）的 3.0 倍、英国（5.4%）的 3.1 倍。

经济合作与发展组织（OECD）发布的《2017 年 OECD 数字经济展望》（*OECD Digital Economy Outlook 2017*），指出，数据驱动创新、新的商业模式和数字应用正在改变科学界、政府、城市以及卫生和农业等领域的工作，人工智能（AI）正逐渐成为主流。

普华永道《2017 全球金融科技报告》显示，金融行业面临着转型和应对客户的多元化需求。未来，银行家和财富管理顾问将使用集人工智能、转账交易和相关数据于一体的系统来指导客户做出财务决策；主流金融机构正在积极尝试某些颠覆性的金融科技，以此来提高运营效率，应对客户更具创新性的服务需求。

显然，数字经济已经波及世界各个角落，对金融科技的影响也非常深刻。中国政府正在大力拥抱数字经济浪潮。

广电运通敏锐地把握到了这一趋势。进军数字经济是大势所趋，是时代赋予广电运通人的使命。

此前两年，广电运通收获满满、捷报频传。

2015年7月，广电运通9250循环机芯产能跃上新台阶；8月，广电运通现代服务产业基地顺利封顶；12月，位于湖南邵阳的金融外包服务基地正式启动，广电运通金融服务外包布局全面铺开。

同年，广电运通成为业内唯一全产品线通过央行新版人民币测试的厂商，其首台全功能设备H34N也在美国芝加哥格伦夫尤银行正式上线，打入了高门槛的美国市场。

2016年，广电运通不但继续在海外市场攻城略地，在国内也是多点开花、全线突破：3月，广电运通非公开发行股票18282万股并在深圳证券交易所上市，募集资金总额为31.37亿元，骨干员工通过持股计划间接成为公司股东；5月，广电运通投资1.66亿元收购新三板上市公司江苏汇通（现：汇通金科）51%的股份；到2016年底，广电运通投资武装押运和现金外包业务子公司34

家，签订意向协议 27 家，金融服务外包产业布局初见雏形。

至此，广电运通已连续多年位居国内金融机具市场占有率第一，是国内最大的金融智能自助设备供应商和服务商，综合实力全球前三。而且，从成立初期的"高端制造"，到 2010 年确立的"高端制造 + 高端服务"战略决策，再到 2016 年前后"高端制造 + 高端服务"布局成形，广电运通的发展始终顺风顺水。

此时，呼啸而至的人工智能浪潮和数字经济趋势，让广电运通人无法忽视。

"时来天地皆同力，运去英雄不自由。"高科技意味着高风险，大势一去，再大的英雄也无可奈何。企业从来不是孤立的单元，它本身就是大势构成的竞争环境的一部分，而大势是不以企业的主观意志为转移的。

时代抛弃你的时候，连一声再见都不会说。胶卷时代的王者柯达，被自己发明的数码技术，以及天才而疯狂的全行业并购战略亲手杀死；诺基亚的首席执行官奥利拉，在宣布同意微软收购时沉痛地说："我们并没有做错什么，但不知为什么，我们输了……"

"故经之以五事，校之以计，而索其情：一曰道，二曰天，三曰地，四曰将，五曰法。"在世界经济出现重大调整的前夜，广电运通人居安思危，敏锐地洞察到行业大势，积极应对、快速调整。

如果说行业大势是企业的"天时",那么战场的选择就是企业的"地利"。对于将军来说,地形就是战场;对于企业来说,地形就是市场。

自2016年起,广电运通就开始了居安思危的探索之路,"察天时、寻地利",寻找新的战略破局点。

2017年12月5日,广电运通召开临时股东大会和第五届董事会第一次会议,完成了第五届董监事会换届选举及新一届经营班子的聘任,选举黄跃珍为广电运通董事长,叶子瑜为总经理。12月22日,广电运通正式发布2018年度发展主题——"不忘初心·做强人工智能,开启转型升级新时代",正式宣布以场景为王,推动"人工智能+"的战略转型。

在新一届领导班子看来,转型人工智能,广电运通既占天时,又有地利,这不仅仅出于公司自身发展的需要,也是时代的召唤、党和政府的嘱托。而规范的公司治理、前瞻的战略眼光,则为公司"心往一处想,劲往一处使"奠定了组织和制度保障。

进入人工智能时代

"天者,阴阳、寒暑、时制也。"

广电运通高层敏锐地意识到，人工智能技术正处于突破前夜，产业化浪潮即将到来。

早在1950年，英国数学家图灵就在论文《计算机器与智能》中指出："如果电脑能在5分钟内回答由人类测试者提出的一系列问题，且其超过30%的回答让测试者误认为是人类所答，则电脑通过测试。"尽管这个原始的图灵测试方法在之后的几十年中被不断完善，但是它启蒙式地开启了人工智能的研究领域。

1956年，麦卡锡、明斯基等科学家在美国达特茅斯学院开会研讨"如何用机器模拟人的智能"，首次提出"人工智能（Artificial Intelligence，AI）"这一概念，标志着人工智能学科的诞生。20世纪60年代初，该领域取得了一批令人瞩目的研究成果，如机器定理证明、跳棋程序等，掀起人工智能发展的第一个高潮，持续时间达十年之久。

20世纪70年代，出现了专家系统，能够通过模拟人类专家的知识和经验来解决特定领域的问题，从而实现了人工智能从理论研究走向实际应用、从一般推理策略探讨转向运用专门知识的重大突破，专家系统相继在医疗、化学、地质等领域取得了成功。

但随着人工智能的应用规模不断扩大，专家系统存在的应用领域狭窄、常识性知识匮乏、知识获取困难、推理方法单一、分布式功能缺乏、与现有数据库难以兼容等问题逐渐显现。20世纪

80年代中期到90年代中期，人工智能研发热潮逐渐退去。

互联网技术的兴起，加速了人工智能的创新研究，让人工智能技术进一步走向实用化。1997年国际商业机器公司（IBM）的深蓝超级计算机战胜国际象棋世界冠军卡斯帕罗夫，2008年IBM提出"智慧地球"的概念，这些都是人工智能领域的标志性事件。

2010年后，随着大数据、云计算、互联网、物联网等信息技术的发展，泛在感知数据和图形处理器等计算平台推动以深度神经网络为代表的人工智能技术飞速发展，大幅跨越了科学与应用之间的"技术鸿沟"，诸如图像分类、语音识别、知识问答、人机对弈、无人驾驶等人工智能技术实现了从"不能用、不好用"到"可以用"的技术突破，迎来爆发式增长的新高潮。最典型的案例就是2022年爆红的ChatGPT，标志着产业发展进入了强人工智能阶段。

强人工智能，即通用人工智能（Artificial General Intelligence，AGI），是能够自我感知和理解外部世界、不断地自我学习新知识和实现自我升级的机器智能。在强人工智能阶段，智能机器、算法或系统将具备与人类一样的学习和理解知识的能力，能够像人一样具有思维并对复杂理念进行分析，进行思考、计划、自我学习，并利用过去的经验进行总结。

至此，人工智能开始脱胎换骨，成为在各个方面都能与人类媲美的机器智能。国内的百度、腾讯、华为等龙头企业，已持续十多年专注该领域的研发与创新，迸发出惊人的力量。但在全球范围内，ChatGPT 依然首屈一指、独领风骚。

ChatGPT 的爆红背后

ChatGPT，是美国人工智能研究实验室 OpenAI 公司推出的新一代人工智能语言处理工具（AI 聊天机器人）。

2023 年 2 月初，ChatGPT 火爆全球，其在互动回复、编写代码、生成创意等方面的强大功能，在全球范围内掀起了一场"狂飙"，上线不到一周，日活用户破百万，2 个月内 ChatGPT 注册用户数破亿，成为现象级消费类 AI 应用，也是互联网史上用户数破亿速度最快的软件之一。

ChatGPT 的火爆，预示着人工智能生成内容技术（AIGC）的市场化应用进入了新的历史阶段。这是继专业生成内容、用户生成内容之后，通过人工智能技术自动或辅助生成内容的历史性进步，为市场所认可。比如微软，在宣布推出搭载 ChatGPT 功能的新版 Bing 搜索引擎之后，Bing 的下载量猛增了 10 倍。

ChatGPT 与我们以前熟悉的人工智能有着很大的区别。此前公众熟知的是 Siri、小爱同学、天猫精灵，以及商场里的指路机器人、购物网站上的智能机器人回复，等等。这些虽然也是人工智能，但它们的一切行为回复都是人类在后台设置好的，本质上只是一个搬运工。

但 ChatGPT 不同，它是有自主分析能力和判断能力的，它的一切行为是大数据分析的结果，只要数据量足够庞大，它分析的结果质量将远超人类大脑。

OpenAI，是 ChatGPT 背后的公司。它成立于 2015 年 12 月，是以发展人工智能科技、造福全人类为目标的非营利性机构。它在世界范围内吸引了一批顶尖技术人才，却在开发过程中遇到了严重的资金问题，仅靠捐助难以存活。

为此，OpenAI 成立了营利性公司 OPEN AI LP，接受各方投资入股。当 OPEN AI LP 的盈利达到与投资公司的合同约定利润并给科研人员足够的分红后，OPEN AI LP 就撤出，后期相关技术的盈利部分仍然属于 OpenAI，仍然是非营利性的。

这一体制性创新，让技术团队可以专注于通用的 AI 研究和开发。随后数年间，OpenAI 一步一个脚印，完成了很多开创性的工作。

2016 年，OpenAI 发布了第一个工具，用于开发和比较强化学习算法工具包 OpenAI Gym 和 Universe。虽然该产品本质上是训练 AI 代理的测试平台，但其智能能力足以覆盖全球的网站和游戏程序。

随后两年，OpenAI 专注于更通用的 AI 研究和开发。2018

年，OpenAI 发表了一篇论文 *Improving Language Understanding by Generative Pre-Training*，介绍了生成式预训练语言模型（GPT）的概念。

GPT 是神经网络受人脑结构和功能启发的机器学习模型，可以在人类书写的文本数据集上进行训练并执行多项功能。基于 GPT 模型，OpenAI 团队开发了 GPT-1，训练模型所用的数据为 Book Corpus 中 7000 多本未出版的书籍，随后该模型演变为 GPT-2。由于团队担心 GPT-2 可能被用来编写诈骗电子邮件或生成假新闻，OpenAI 并未向公众公开。

2020 年，OpenAI 推出了 GPT-3，相比前两代，这一次 GPT 实现了明显进化和迭代，性能也更加强大。中国科学院科技战略咨询研究院助理研究员赵祚翔在其文章中透露，微软为 OpenAI 设计了一台超级计算机，其中包括 285000 个 CPU 内核和 10000 个 GPU。借助超级计算机的帮助，GPT-3 被"投喂"了 45TB 的文本数据，参数超过 1750 亿个，基本做到了能够识别更深层次的文本含义，也实现了通过训练按照提示中的说明进行操作，并提供反馈的功能。

2023 年初，OpenAI 发布了基于 GPT-3 架构的 ChatGPT 语言模型聊天机器人。其拥有理解上下文和根据聊天记录进行调整的能力，意味着用户可以在对话线程中"训练"ChatGPT，以获得更准确的答案。多数情况下，它所使用的语言与人们编写的文本几乎没有区别。

2023年3月14日，OpenAI为ChatGPT发布了GPT-4语言模型。次日，微软开发基于GPT-4的新Bing搜索引擎，GPT-4回答准确性大幅提高，并具备了更高水平的识图能力，能够生成歌词和创意文本，实现了多种风格变化。此外，GPT-4的文字输入限制提升至2.5万字，且对于英语以外的语种支持有更多优化。

对大多数人而言，与ChatGPT的接触，是真真切切第一次感受到人工智能时代的到来。

ChatGPT的火爆，间接证明了广电运通向AI转型的正确性。

但在2017年，广电运通作出全面转型人工智能的决定，依然冒着很大风险。

广电运通的 AI 战略抉择

彼时，虽然人工智能领域处于突破前夜，但科技这种事情很难说得准，"狼来了"的故事常见，早在20世纪90年代，行业内就有多次对人工智能的乐观估计。更何况，广电运通还面临着自身独特的多重难题。

一是进入时机尴尬。虽然ATM等现金机具销量在中国市场开始出现下滑，但在海外市场依然高歌猛进，依然需要持续投入，这种情况下进军人工智能领域，无异于为正在飞行的飞机换发动机。而且，市面上已经有很多布局人工智能多年的巨头和新秀，如百度、海康威视、商汤科技等，广电运通与之相比起步稍晚。

二是国企体制束缚。高科技伴随着高风险，新的战略方向意味着新的投入，而国企本身承载着国有资产增值的责任，谁也不敢保证巨额投入就一定能成功。而且，市场上的人工智能企业九成处于长期亏损。何况对广电运通领导层来说，转型所面对的风险并不只有市场。

三是人才和信心问题。跨界进入人工智能领域，广电运通既无人才储备，公司上下也缺乏必胜的信心。人工智能究竟是一时的喧嚣，还是长远的、根本的、代表未来走向的大势？

而且，绝大多数中国企业的失败原因都是盲目扩张，巨人、德隆、四通、健力宝、太阳神、乐视等一系列企业殷鉴不远，如何认知市场及组织的边界、如何提升团队的信心、如何把握好资源与战略目标之间的动态平衡，成了摆在广电运通新一届领导班子面前的首要问题。

2017年12月上任的广电运通董事长黄跃珍，曾任广东软件行业协会秘书长，对软件行业非常了解，坚定地看好人工智能、大数据的发展。面对错综复杂的竞争环境，以其为董事长的广电运通领导层以曲为直、避实击虚，走出了一条极具特色的国有企业改革转型之路。

从金融服务到人工智能

"地者，远近、险易、广狭、死生也。"

市场就是企业的"地"，而可投入市场的资源总是有限的，必须把有限的资源投到战略关键点上，才能打开局面、掌握主动，最大限度地发挥资源的价值。

广电运通最宝贵的资源，就是长期以来积累的大量以银行为代表的金融客户。而金融恰恰是人工智能落地的最佳场景。因为未来的金融业，将越来越个性化、智能化。

"金融＋科技"的发展，大致可分为三个阶段，20世纪80年代之前，IT技术进入大众视野，金融机构迎来了信息化转型时期；随后的十几年中，互联网技术大规模应用，让更多的金融机构进入线上展业；如今，大数据、AI、生物识别等新技术，不但更加垂直地应用于传统金融机构，连金融传统的业务和场景都发生了颠覆性的改变。

数字技术正深刻改变着社会发展，如果金融业不能融入各类生活圈和生态圈，将失去对客户需求的把握，也会失去提供金融产品的能力。早期的电子银行已过渡到移动金融,而在即将到来的 5G 和物联网时代,云计算、大数据、人工智能的结合将催生更多的场景,未来金融业务可能随时随地在全链接的平台上完成,金融服务将渗入用户的生活场景,银行等金融机构本身将变得无形。

换句话说,金融业将迎来全新的智能化时代。

只有抓住时代机遇,积极拥抱人工智能技术,金融机构才能迎来新生。例如,以往去银行办理抵押贷款,银行需要客户提供身份证、收入证明、房产证等,还需填写各类报表,而通过人工智能技术,客户信息可进行智能分类、自动核验,识别身份后,其征信信息也可全部自动调取。再如,在对公业务中,人工智能可自动对企业财报进行识别和分析,并进行解读,判断企业是否存在经营风险等。此外,人工智能技术可将采集的各方数据进行整合和综合处理,以防控风险。

金融机构传统的线下物理网点,也将不可避免地迎来萎缩或转型。随着 5G 和可穿戴设备的升级,金融服务的触点越来越多,自动化财务室、开放银行、知识图谱等正逐步变为现实。AI、5G、物联网等新工具,让金融产业能更有效地触达用户。

未来的金融业将越来越个性化。AI 应用将为客户提供跨越时空,以及更加人性化、智能化、个性化的帮助。

在金融业经历全面数字化,尤其是 AI 与金融深度融合后,金融服务将如同空气一样融入个人一生的各类场景中。但金融的本质并不会发生变化。未来金融的关键点，包括连接、信用、风控、交易和跨域融合，AI都大有可为。因此，人工智能被认为有资格定位未来金融的技术。

广电运通是一家"以客户为中心"的企业，当意识到客户在业务和场景方面的变化是大势所趋、不可避免时，广电运通率先喊出"要成为数字经济的赋能者、场景金融的领军者""场景为王"等响亮口号，并立足实际、因地制宜，找到了自己的"生地"——"AI+银行+场景"，将突破点聚焦到了银行身上。

知己知彼，百战不殆

"故知胜有五：知可以战与不可以战者胜；识众寡之用者胜；上下同欲者胜；以虞待不虞者胜；将能而君不御者胜。此五者，知胜之道也。"

就人工智能产业而言，在广电运通进入的时候，市场已有科大讯飞、商汤科技、旷视科技、云从科技等众多专业人工智能服务商，更不用说华为、百度、腾讯、阿里巴巴等综合性巨头。而且，技术积累并非一日之功，人工智能涉及算法、算力、数据等诸多要素，广电运通能成功吗？

在周密调研、冷静分析之后，广电运通领导层得出结论：一方面，虽然广电运通是 AI 领域的新手，但比起阿里巴巴、腾讯之类的企业，银行对广电运通的接受度更高，因为它们是银行转型所面临的竞争对手，而广电运通是提供帮助的合作伙伴；另一方面，比起云从、商汤等"AI 四小龙"，广电运通在金融行业有很强的场景应用，有较好的客户基础。

广电运通自身在开展新业务时也有一个坚持多年的基本原则：不进红海市场，要进就进技术含量高、门槛高、附加值高、利润率高的行业。

人工智能完全符合其业务选择原则，更具优势的是：虽然广电运通是该领域新手，但在技术方面并非从零开始的小白。

自成立开始，广电运通就投入资源研发货币识别、出钞控制、现金循环等 ATM 核心技术，掌握了钞票识别、人脸识别，以及指纹、掌静脉、指静脉、虹膜识别等生物识别技术，在传感、算法等领域也有长期的沉淀和布局，事实上已经形成人工智能底层技术的底蕴。

人工智能主要包含"算法、算力、数据、场景"四大要素，广电运通在部分领域优势更加明显，其在全球金融领域和轨道交通领域布局了超过 35 万台智能设备，积累了丰富的应用场景。

换句话说，其他人工智能企业是先有技术，再用技术去寻找场景。广电运通则是先有场景，以场景引领技术创新，所以完全可以扬长避短、避实击虚，走出一条"以场景推动技术"的反向研发之路，实现"不战而屈人之兵"的战略目的。

道理是这样，但从理论到实践，依然有很长的路要走。

第一，《中国银行业》杂志对此分析认为，传统金融机构在场景构建中没有形成系统性，比如在发展嵌入式金融的过程中，消费金融、供应链金融等尚未建立起真正完整的价值链，难以保障覆盖度。

第二，不同的金融机构在大数据、云计算、区块链、智能识别等技术应用方面的差距非常明显。

第三，技术与金融之间没有做到充分融合，银行的获客能力有限，仍依赖线下向线上输送，且金融工具属性单一，致使场景的使用频率和效率受到了很大限制。《中国银行业》杂志指出，金融机构没有真正做好数据治理，系统之间没有联通，更无法利用数据进行分析。

以上种种问题，给金融科技的创新带来了诸多阻碍，这也是广电运通必须面对的行业难题。

此外，广电运通内部也争议不断，很多人对转型的必要性和实现可能信心不足。同时，"AI+银行+场景"的战略构想还面临着技术、监管、人才、组织的多方制约。

从技术层面说，人工智能要经过分辨人脸（人脸识别）、听懂说话（语音识别）、读书识字（文字识别和语义理解）、掌握知识生成本领（知识图谱）的过程，而彼时 AI 在金融领域的落地还基本停留在初始的感知阶段，其发展依然任重道远。

从监管层面讲，金融领域对数据合规性和安全性的要求很高，如果数据集中在一起，风险将成倍增加，且隐私保护也面临巨大挑战，而监管往往相对滞后，这也是制约"AI+银行+场景"发展的重要因素。

复合型人才的缺乏，也是制约"AI+银行+场景"发展的一大瓶颈。金融科技的最大挑战就是将金融与科技结合起来，能够融会贯通"金融+科技"的人才非常难得，银行业真正掌握各类人工智能相关技术的人才不到 1%。而且，很多银行将自己的科技战略寄希望于复刻成功经验，而金融科技不能简单复刻，应根据自身特点因地制宜。

最后是组织方面的挑战，金融机构的业务部门都是独立的，但人工智能却要实现系统共享。因此，金融机构首先要在组织架构上设立一个人工智能小组来统一管理；其次要具备完备的 IT 基础架构；最后还要成立负责对接人工智能落地应用的部门，因为很多创新应用都是探索性的，需要进行监管。

金融机构的智能化转型之路，应分两步走：一是弥补与国外的差距，二是着眼未来。为此，广电运通决定派遣部分管理团队，前往美国硅谷考察人工智能领域的最新进展。

遍访硅谷，追寻转型

硅谷考察，广电运通希望达到两个目的。

一是让广电运通的管理层们，对人工智能的现状和未来有直观的了解。

广电运通的传统产品是 ATM 等现金机具，管理层大部分毕业于机电专业，对人工智能等新兴产业没有什么概念。考察硅谷人工智能产业，可以让大家形成共识，理解人工智能的商业价值，认可广电运通的转型方向。

二是了解前沿趋势，寻找和物色合适的技术高手，弥补广电运通在人工智能底层技术研发方面的不足。

在硅谷，通过走访多家有代表性的人工智能企业，广电运通的管理层发现：硅谷科技企业的人工智能技术，体现出超越人类智力、带动产业变革以及深入社会生活的三大趋势。而在考察企业里，全球首只完全由人工智能自主选定投资标的、以美国股票为投资组合的 ETF 类型基金（该基金于 2017 年 10 月在美国纽约证券交易所问世），引起了考察团的特别关注。

这只基金由位于硅谷的 EquBot 公司提供技术支持，使用了 IBM 公司的"沃森"人工智能平台。EquBot 公司介绍，他们使用的人工智能程序每天自动扫描分析 6000 多只股票的相关信息，自主选出具有上涨潜力的股票，并对投资组合进行主动管理。这标志着人工智能取代人脑的革命在金融业拉开序幕，对以金融科技为主业的广电运通考察团震撼尤深。

另一个让他们印象深刻的，是硅谷人工智能研究院 (Silicon Valley Artificial Intelligence Research Institute，SVAIRI)。SVAIRI 的创办者是科技史巨著《硅谷百年史》《科技与和平》的作者皮埃罗·斯加鲁菲，总部位于美国旧金山。

SVAIRI 整合了全球顶级的人工智能领域专家，包括科学家、企业家、哲学家、创业者、投资者等，共同讨论人工智能技术的演变趋势、社会影响和商业化进程，致力于促进人工智能领域在全球范围内的研究机构与企业深度合作，并向全球工商业与政府机构提供人工智能发展的咨询与建议。

SVAIRI 以硅谷领先全球的人工智能技术和应用网络为中心，在监测和研究全球 AI 发展动向和趋势的基础上，探索人工智能与生物科技、虚拟现实、金融科技等其他科技的碰撞与影响。它让考察的广电运通管理层看到，尽管人工智能在技术方向、商业模式上经历了很多曲折，但其商业上的巨大想象空间已近在眼前，深刻影响社会生活的方方面面已经成为现实。

硅谷之行，启发了广电运通设立研究院、组建联盟，也让广电运通坚定了向人工智能转型的决心。但随之而来的，是一个重大的战略问题——广电运通是否需要开发自己的技术底座，即人工智能核心系统。

投巨资自主开发技术底座

这在广电运通内部，引发了激烈的争论。

市场上主流的人工智能服务商，都有自己的人工智能核心系统，如百度、阿里、腾讯、商汤、旷世等，都建设了自己的技术底座平台。这个平台，不但能为客户业务赋能，帮助客户快速响应市场需求，而且是体现自身核心竞争力的重要载体。

几个当时的广电运通技术大牛，坚决反对重起炉灶、花费巨资开发自己的技术底座。他们认为，腾讯、华为、阿里、百度等巨头有现成的技术底座，而且在做生态，广电运通完全可以成为他们中某家生态的成员。

这表面是投入之争，其实是发展路径之争。成为某个大生态系统中的一员，优点是投入少、见效快，可以在他们的技术底座上进行二次开发，既节约资金又能迅速实现商业化。

除此之外，当时还有一些其他的选择。国内某新兴的人工智能公司希望广电运通参股他们公司，将广电运通融入其生态系统，对方看中的是广电运通20年来积累的大量优质客户。此外，广电运通一度想购买美国某人工智能引擎，在此基础上自己开发，但因种种原因未能如愿。

最终，广电运通选择了自主创新，这也是公司的一贯风格。遥想当年，ATM机芯的核心技术一度被国外垄断。广电运通经过6年攻坚，掌握了ATM机芯核心技术，自主研发出"中国芯"，从此打破了欧美品牌的垄断，也为广电运通在ATM等金融机具市场上超高的市场占有率奠定了坚实的技术基础。

显然，广电运通人一直有"争一口气"的传统。但坚持自主开发，并不仅仅是"争一口气"，而是有着深层次的考量：如果不研发自己的技术底座，就无法主导市场竞争。就如一个包工头，如果所有的重型机械都不是自己的，每次都要租用别人的设备，在很多时候就会很被动，有实力的业主会将拥有多少重型机械作为筛选包工头的硬性条件。同时开展的市场调研也显示，客户在开展大数据应用时，非常希望服务方能有快速整合业务、数据和技术的能力；同时，单一的技术能力已经无法构建完整的场景解决方案，难以形成服务方的核心竞争力。换句话说，客户希望广电运通能提供一种快速高效的技术手段来赋能业务，助力其快速响应市场需求。

从自身来看，广电运通已经具备丰富的应用场景，积累了大量数据，现在需要的是强大的算力、高效的算法，从而进一步挖掘场景和数据的价值，为从纸质钞票处理向数据处理转型奠定坚实的基础。

无论是外部竞争，还是内部发展，广电运通都需要拥有自己的人工智能核心系统。

"省了技术创新的钱，就是断了明天的路"，这是广州无线电集团的一句老话。黄跃珍认为，在转型人工智能的战略规划中，广电运通务必大力传承创新基因，沉下心来、久久为功，拿出当年打造ATM机"中国芯"的精神和气魄，直面人工智能前沿领域的艰难与探索。

"新发力的AI领域，是一项系统性的、科技含量高的创新工程，要靠我们的毅力和实干不断突破，成果具有很强的裂变效应。同时，创新是广州无线电集团的基因，早已融入广电运通人的血液，广电运通人具备坚实的科技创新基础和强大的科技创新精神。我们有坚定的信心，用科技手段在AI转型中创新突破。"广电运通会议记录这样写道。

最终，广电运通管理层达成了一致——组织团队研发自己的技术底座。

正如德鲁克所言："所谓企业家精神，不是一种气质，而是一种行动。"

研发自己的技术底座是一个投入大、周期长、风险高，但又不得不做的事情，黄跃珍亲自挂帅，兼任广电运通研究总院院长，大力推动这项重大研发的落地。

广电运通在全球范围内招募了一批人工智能领域的顶级技术人员，并从美国聘请了权威专家作为技术顾问，两地协同作业。

2018年，广电运通成立了人工智能研究院，聘请了中科院张文生研究员、中山大学赖剑煌教授、华南理工大学薛泉教授等国内人工智能领域大咖为广电运通人工智能研究院的专家顾问团队，联合开展人工智能应用研究。

在引进外部高端人才的同时，广电运通也非常重视内部人才的培养。广电运通前副总经理魏东、研究总院院长田丰、前智慧城市首席科学家梁添才博士、计算机视觉专家金晓峰博士、自然语言处理专家王乃洲博士、高性能计算专家黄宇恒博士、机器学习专家张承业博士、金融AI应用专家聂品博士、人工智能算法专家宋卫博士、郭泰圣博士等，都是广电运通内部培养成长起来的技术专家型人才。

为了能让研发模式更好地与公司发展相匹配，美国硅谷的技术顾问为广电运通做了规划。广电运通管理层认真评估、科学分析,最终确定了"一边卖白菜,一边造原子弹"的研发策略,一边研发一边商业化。这种做法的好处是,可以根据客户的需求、技术的发展来随时调整优化,从而让研发的阶段性成果更加清晰、总体的目标感也更强。事实证明,这是一种非常符合广电运通的实际情况及市场需求的研发模式。

2019年7月8日,历经短时间内高强度的研发,广电运通在公司成立20周年的纪念活动上,发布了企业最新的科技创新成果——aiCore System1.0版本,该系统以数据、算法、算力为核心,将数据与AI结合并深度加工,从而进一步提高企业生产力,为客户提供高质量的创新解决方案。

aiCore System平台采用分层解耦、组件化、模块化和标准化的设计理念,利用多源异构数据计算分析、分布式计算、跨域数据管理、视频解析、语义解析、智能问答、跨平台统一部署等关键技术,汇聚数据、算法、算力和应用,构建人工智能大数据平台。

平台从下往上分别是基础数字底座、应用数字底座和智能应用引擎,越往上越贴近业务场景,定制化程度越高,越往下越接近底层技术,复用度越高。

底层由八大核心模块组成:大数据方面,有数据库工具Magile DBHub、数据湖Magile Lake、数据应用开发Magile Studio、数据共享交换Magile DataEx等大数据四套件;AI方面,有数据标注平台 Magile AIData、算法生产平台 Magile AIStudio、应用部署平台 Magile AIScene、算法能力集 Magile AIGallery 等 AI 四套件。

基于基础技术套件，广电运通又进一步打造了 AI 中台和数据中台。通过这些技术套件的组合使用，可以大幅降低工作投入、提升项目交付效率。

通过整合各类数字经济要素，aiCore System 也成了广电运通构建数智化生态的核心载体。作为广电运通"打造领先的人工智能行业应用领军企业"战略的重要支撑平台，aiCore System 采取了开放的平台模式，不仅运载了广电运通自己研发的算法，还可以通过 API、SDK 将业界具有通用性的算法聚合到 aiCore System 上，从而实现大数据管理、算法分析、数据可视化等内容的全方位发展，确保了各项技术在一个系统平台上的自适应切换，有助于拓展产品的使用范围和市场空间。

至此，广电运通的业务开始从以智能制造为主向以数据处理、软件开发和解决方案为主转型，从专注于纸质钞票处理向专注数据处理转变。

"有了 aiCore Syetem，我们构建了业务、数据和技术中台，大大减轻了架构师的负担，项目交付周期大大缩减。"广电运通研究总院院长田丰说。

他解释道，智能金融、智能便民、智能交通、智能安全等不同领域，需要开发不同的业务系统，相应业务开发需要匹配不同的要求。如果不同研发团队各做各的，不但每个项目都要把所有动作全部重新做一遍，对架构师的要求也非常高。

架构师不但要了解系统开发的整个技术栈，还要精通不同领域的数据结构和数据库，熟悉不同技术功能组件的兼容性和匹配性。即便如此，开展任何一项新业务或新的解决方案，都意味着从架构到交付都要重新开始，即使之前做过类似的业务，也不能为新业务带来任何帮助。整个开发过程周期长、效率低、成本高，且耗时耗力。

实际上，软件开发的方法论是类似的。无论是底层数据采集、清洗、分析、上平台，还是入库、需求建模、业务逻辑分析等，在各领域的软件开发中都有大量同质化工作，差异只在于不同业务领域的需求分析不一样。如果能把底层基础性技术开发形成的技术组件模块统一存放在一个一体化平台上，那么后续不同领域的新项目，在利用相关的基础技术功能组件时，直接到平台调用即可。

aiCore System 是一个能力输出平台，利用其打造的业务、技术、数据三大中台，可以大幅减轻架构师、开发人员和需求分析人员的负担。其技术中台整合基础技术功能组件，数据中台则将一些多源异构的基础性数据的采集、清洗、入库、建模做成相关模块，并统一打好标签存放。

当数据开发人员或前端业务应用有需要时，直接在中台调用即可。有了中台的赋能，架构师不需要再去了解整个开发技术栈和不同领域的数据结构，极大地提高了项目开发效率、缩短了数据开发和交付周期。

不仅如此，aiCore System 具备了支持人工智能核心技术在场景中快速实施落地的能力，可以支撑构建成体系的行业解决方案，其平台优势非常明显。

作为企业级人工智能大数据平台，各领域企业可以借助 aiCore System 实现智能处理数据、智能调配算法、智能分类算力，企业自身无须大量配备人工智能高级人才、无须重复购置昂贵的算力，只需关注前端业务应用即可，从而帮助企业实现一站式商业智能应用部署，不但大幅降低了人工智能转型成本，还能快速响应市场需求。

随着 aiCore System 的不断迭代完善，数字底座相关产品技术在各场景正加快应用落地，形成了城市大脑、鸿鹄平台、视频云、数字孪生平台、智慧国资、智慧审计、统一身份认证、玉佩支付平台等 10 多项数智化产品与解决方案。

自 2019 年首次发布以来，aiCore System 从最初的概念构想到落地 70 余个场景应用，从单个的企业级场景应用到多个百万级规模城市的整体落地，在一次次地更新迭代中践行着广电运通深入推进数字化转型、实现高质量发展的战略思路。2021年经科技鉴定，以aiCore为基础的整体成果达到国内领先水平，进入国际领先行列。2022年获批"智能金融装备国家新一代人工智能开放创新平台"建设。2023年，平台能力进一步得到行业认可，通过了中国信通院《数字政府智慧中台技术要求》能力测评。

2023年7月17日，aiCore System V3.0正式发布，共涵盖数据底座、AI底座等6大基础技术产品和城市大脑、数字孪生、视频云3大创新应用，具备城市级与全场景的应用能力，能够自动化生成任务流程，快速构建场景应用，实现智能决策，为产业数智化转型提供更加智能、可靠、集成的数字技术底座。

伴随aiCore System V3.0一同发布的，还有另一款重磅产品——"望道"行业大模型。

ChatGPT的横空出世，预示着AIGC市场化应用进入新的历史阶段。大模型技术的突破性发展打开了通用人工智能之路，千行百业对新一代人工智能技术的需求持续走高。通用大模型"预训练+精调"的开发范式有效降低了AI开发门槛，使得AI技术更加通用化，同时也为AI技术的落地提供了全新视角。

然而，通用大模型在B端、G端等专业领域落地仍存在巨大挑战：金融、政务、交通等垂直行业对通用大模型的准确性、安全性、合规性及领域专用知识等方面要求极高；通用大模型所需的大规模算力也让大多数企业望而却步。因此，更专业、更轻量的垂直行业大模型成为推动大模型落地应用的优先选择。

"望道"的发布正是这一技术发展大背景下的一个缩影，广电运通基于数字底座 aiCore System 的研发，和深耕"AI+领域"多年来的行业积累，面向金融、政务、交通等领域推出了行业大模型——"望道"。

"望道"行业大模型，具备多维知识引入、多级开发范式、中文能力增强、行业能力增强四大技术特点，深入金融、政务、交通等行业场景知识萃取，帮助客户快速低成本地构建 AI 应用，具备自主可控、领域增强、安全可靠、企业定制四大核心优势，助力打通大模型行业落地的"最后一公里"。通过知识增量学习、行业思维链增强、领域特定任务微调、行业知识体系构建等关键环节精细调优，"望道"行业大模型已经具备了场景文本分析、领域知识问答、政企数据分析、创意文本生成 4 类 AI 通用能力，以及智慧客服、产品咨询等 60 余种特色行业功能，可以快速提升政府、银行、企业等客户的业务效率。

同时，"望道"行业大模型实现与 aiCore System 两大基础底座互联互通，结合 AI 底座的模型预训练、模型精调、智能应用开发能力，和数据底座的数据汇聚、存储、计算分析、可视化能力，支持快速汇聚数据资源，提供便捷数据建模、分析、治理服务，同时具备千亿级知识、百万指令数据的大模型一站式调优能力，实现垂直行业大模型开发、部署、应用、运维的业务闭环。

此外，结合 aiCore System 的 AI 中台，"望道"支持客户深度定制，客户可以利用自有场景数据一站式优化，快速打造场景专属应用服务。

接下来，广电运通将持续聚焦在人工智能与数据领域，与行业生态伙伴、科研机构等展开深度合作，加速推进 aiCore System 和"望道"行业大模型的商业化进程，以创新的科技赋能千行百业的数字化转型。

群聚效应与生态体系

"20 年，变化的是市场趋势、战略布局、创新技术、产品与服务，不变的是他们对于创新科技应用的执着，紧跟时代趋势主动变革自己的勇气。"在广电运通成立 20 周年的纪念活动上，广州市国资委领导在致辞时表示，"广电运通是广州国资系统中，国资国企改革的一个标杆"。

作为一家人工智能企业，广电运通凭借 aiCore System 等核心技术，不仅在行业内站稳了脚跟，成为广州国有科技企业中的一张名片，更承担着拉动广州人工智能产业群迅速崛起的重任——由于实力不足、缺乏技术平台支撑，广东中小企业无法单独面向机构提供产品和服务，尤其是党政类的机构客户，更倾向于广电运通这样的国有背景的企业。

广电运通如同一个"戴着党员徽章的管家"，可以通过市场化的方式，为国有企业，尤其是党政机构提供可靠可持续的服务。为了更好地提供服务，广电运通联合广大中小企业、上下游一起服务，这就形成了产业的群聚效应。

群聚效应源起于游牧民族时代人类相互合作求生的本性。在产业经济领域，群聚效应是一个建立在规模经济和网络效应上的学说，形容区域经济内，许多相同抑或不同类型的产业聚集后，获得更多发展优势。

广电运通成为广州AI产业领军企业后，依托母公司广州无线电集团，构建AI产业链，并逐步促成了广州AI产业的群聚效应。

广州无线电集团先后成立了广电研究院、平云产投、广电产业园公司、广电云链，建立起科研孵化、投资并购、产业空间拓展、金融服务"四位一体"战略支撑平台，在数字经济业务上深入研究和探索，协同各方共建创新开放、绿色和谐、合同共赢的数字产业生态。

作为广东软件行业协会会长单位、中国电子信息联合会副理事长单位、广东电子信息协会会长单位,广州无线电集团在广州享有人工智能产业链、软件和信创产业链双链主地位,聚力打造合作平台,凝聚软件产业发展合力。同时,广电运通作为中国人民银行数字货币研究所的数币试点参与单位,大力推动广州数字人民币应用试点。

广州无线电集团与广州产投共同组建了百亿基金,布局数字经济领域的基金投资合作、产业孵化合作、产业研究合作;投资设立"广电数投""广州数交所"等10余家数字型企业,积极打造数字经济生态圈。

在产业集群上,广州无线电集团持续拓展数字产业集群空间,加快建设中国人工智能(广州)产业园项目,重点布局人工智能核心产业和科技金融配套产业,预计带动产业规模1000亿元,为广州数字经济发展"筑巢引凤"。

同时,广电运通新一代AI智能设备产业基地、海格天腾无人系统产业基地等8大产业园项目稳步推进,以人工智能、区块链、云计算、大数据、无人系统等数字技术产业集聚为目标,强化产业园区在数字经济上下游产业链的拓展功能。

在数字技术和人才储备、产业基础生态、企业综合能力等方面,与广州市以及其他副省级城市的绝大部分同类市属企业相比,广州无线电集团已领先一个身位,具备成为引领广州市数字经济发展的领军型企业的基本条件和能力；为在新一轮的数字技术产业革命和数字经济发展浪潮中抢占先机，引领全国城市数字经济发展潮流奠定了基础。群聚效应，不仅发生在产业链上，还体现在行业拓展上。aiCore System 推出后，凭借广电运通与银行等金融机构 20 年的合作经验，对银行等金融机构转型、需求的深度理解，广电运通迅速在全国范围内打造了一批软、硬件智能化改造的标杆网点，也让自己从为银行提供单纯的现金处理机具设备和服务的提供商，转变为能提供各种智慧网点整体解决方案的综合服务供应商，实现了从传统纸质钞票处理服务向数据处理服务的成功转型。

在国内某知名保险公司，广电运通的 aiCore System 智能双录合规解决方案，综合利用人脸识别算法、行为检测算法、OCR 识别算法、视频流数据分析处理、分布式集群等技术，通过事中检测、事后复核的方式，提高保单业务办理的双录效率及合规率，将原来一次录制合规通过率从低于 60% 提高到 90% 以上，并通过人工智能算法质检，大幅降低了客户的合规风险和运营成本。

在金融行业的成功，又反向推动广电运通走入城市的各种应用场景，比如机场、地铁、政务服务中心、电信大厅、酒店等。例如，在多个城市应用的地铁"码"上出行、智慧新警务、政务中心"秒批"服务等，都在广电运通的帮助下取得了良好的经济和社会效益。而且，类似的人工智能技术和应用场景也在向广电运通的海外市场延伸。

5G时代，让aiCore System的应用场景优势进一步提升。广电运通逐步构建了基于aiCore System平台的成体系行业解决方案，为用户提供一站式人工智能大数据服务。同时依托aiCore System，构建了AIoT生态，为包括柔性制造在内的众多需求提供服务。

在广电运通人工智能创新中心，展示了人工智能场景在政务、交通、金融、旅游、便民等多个领域的大量应用，令人目不暇接。围绕AI+大数据、智能金融、智能交通、智能安全、智能便民等领域，广电运通也积累了众多创新技术和场景应用落地的具体案例。

广电运通对接银行业务的负责人表示："现在，银行在金融科技、人工智能上的转型也有压力，基于长期并肩作战的合作关系，多家银行也在与我们寻求进一步深度合作。"外部的变化，让广电运通人充满了信心。

广电运通多年来深耕智能金融、智能交通等核心板块，联合上下游合作伙伴，协同打造自主可控、安全可靠的信创全栈解决方案，覆盖模块、整机、软件、适配测试、信创云等五大业务体系。

围绕着上下游的生态建设与协同发展，经过3年多的努力，广电运通上下游生态链已经建立，企业间合作较为顺畅，导入国产操作系统和国产核心零部件，在软硬件架构体系上形成了多个软硬件解决方案，并通过金融信创生态实验室的应用适配测试，适配验证工作涉及解决方案18个，各种适配验证产品511项，发放证书511个。

搭载广电运通国产化模块和操作系统的金融设备在工行、中行、农行、建行、交行、浦发、邮储、农信等近137家银行30000多台设备进行测试或上线。广电运通适配产品和解决方案共18个，共计160家银行、9家党政单位采用，样板点总计38家，其中全渠道终端业务平台已在工商银行等12家银行实现了信创系统建设。

广电运通获得广州市工信局授牌的金融行业适配中心，专注于金融信息技术创新重要基础设施和专业化实验平台建设；对外提供金融设备及通用设备适配服务、行业软件及安全软件等适配服务、云平台适配服务；持续维护了操作系统、数据库、中间件、芯片等50多家生态合作伙伴。

传统业务稳步发展

广电运通的战略升级,不是将传统 ATM 机业务抛弃不做了,而是在继续稳固该业务的同时,发力人工智能领域,开辟更多的业务跑道。

事实上,广电运通的传统优势仍在不断地被巩固和扩大。《上海证券报》披露,尽管国内 ATM 机保有量预计将降至 50 万至 60 万台,以设备 7 年折旧测算,预计换机市场每年 7 万至 8 万台,市场容量约 50 亿元 / 年,但由于不断有竞争对手退出市场,腾出的市场空间仍然很大。且广电运通在后续维护服务上有着领先的团队,全国布局的优势使得公司在 ATM 机领域的话语权进一步提升。

更何况,海外市场捷报频传,"东方不亮西方亮"在广电运通不仅仅是一句俗语,欧美和广大发展中国家依然需要大量的现金处理机具。从"中国制造"到"中国创造",配合国务院、发改委、国资委发起的"品牌引领行动",广电运通在全球化、品牌化、"双循环"方面都做出了可圈可点的成绩。

广电运通内部,也已统一了思想,曾经满怀疑虑的部分业务和技术骨干,面对转型项目捷报频传,也从困惑中走了出来,理解并全力支持公司战略转型,公司团队上下已经形成了合力,围绕人工智能转型，打造出了一支"铁军"。

过去 20 年，广电运通给人的第一印象就是现金处理机具龙头企业；未来，广电运通给人的第一印象将是一家提供综合服务的人工智能企业。这种改变当然需要时间，但上至广电运通的管理层，下到广电运通的普通员工，都坚信广电运通的转型能够成功。

信心的来源，除了天时地利，更重要的是"上下同欲者胜"的人和。一是广电运通 20 多年来一直坚持核心技术的自主研发，掌握核心科技；二是广电运通拥有在全球 110 多个国家和地区的庞大客户群；三是团队齐心合力，公司有一个坚定有力、团结一致的经营班子，对 AI 有足够的战略定力和高效的执行力。

2017 年，广电运通组建了新的管理团队，正式提出向人工智能转型；2018 年，广电运通从"智能金融、智能安全、智能交通、智能便民"四条跑道分路突围，公司营业收入开始恢复增长；2019 年，广电运通进入 AI 战略全面深度转型和智能化升级阶段，深耕场景落地，助力产业价值链延伸。

与行业其他人工智能厂商不一样的是，广电运通以场景应用为切入点，反向推动技术创新，按照"第一年确定方向、第二年深耕基础、第三年协同推进"的节奏推进，有序展开人工智能领域的战略布局。

经营数据是最好的证明。

2019年4月27日，广电运通披露了提出战略转型升级后的第一份年度报告。2018年，在智能金融、智能交通、智能安全、智能便民四条跑道上，广电运通营收同比增长分别达10.39%、137.10%、48.57%、9.87%，公司实现营业收入54.59亿元，同比增长24.53%，归母扣非净利润5.37亿元，同比增长30.21%。

一步一个脚印地努力，也让广电运通实至名归。

2020年3月11日，广电运通aiCore System人工智能大数据平台获选中国科学院《互联网周刊》、中国社会科学院信息化研究中心、eNet研究院、未来智库/战略咨询（筹）联合主办的"2019年度AI大数据最佳创新产品"奖项。该奖项导向为发现各行业、领域中最具思想创新的产品，并对评选出的优秀产品予以激励和褒扬。

活动的主办方评价：aiCore System，是广电运通围绕核心AI技术能力构建AIoT生态的重要基础。它可以快速接入海量异构数据，智能调配算法对数据进行分析，挖掘数据价值，并利用行业应用模板，帮助企业快速生成应用，实现智能应用一站式部署。

此外，广电运通的aiCore System还获得业界首批国家级标准"可信AI"评估认证，完成了国家、省、区、市各级政府的人工智能开放创新平台认定，并于2022年获批"国家新一代人工智能开放创新平台"建设。

2020年12月4日，广电运通第六届董事会就任，面向"十四五"发展新阶段，新一届董事会纲举目张，提出"124"发展战略，即坚持"以客户为中心"的新发展理念，聚焦"金融科技+城市智能"两条主线，强化"算法、算力、数据、场景"四大人工智能要素协同高质量发展，全面融入数字经济发展浪潮。

广电运通向 AI 转型的战略，顺应了世界范围内汹涌澎湃的数字经济大潮，并契合了中国政府的数字经济战略。

做数字经济时代的弄潮儿

党的十八大以来，以习近平同志为核心的党中央高度重视发展数字经济，将其上升为国家战略。2022年1月16日，习近平同志在《求是》杂志发表重要文章《不断做强做优做大我国数字经济》。文章中指出：发展数字经济意义重大，是把握新一轮科技革命和产业变革新机遇的战略选择。

习近平强调，各级领导干部要提高数字经济思维能力和专业素质，增强发展数字经济本领，强化安全意识，推动数字经济更好地服务和融入新发展格局。要提高全民全社会数字素养和技能，夯实我国数字经济发展社会基础。

党中央高度重视数字经济发展，加快数字经济发展已经上升为国家战略。党的二十大、"十四五"规划等均明确提出要加快数字经济发展步伐，努力建设网络强国、交通强国、数字中国、智慧社会，并从顶层规划的角度明确提出我国数字经济核心产业发展的目标及任务。

此外，国家层面相继出台了《"十四五"数字经济发展规划》《"十四五"推进国家政务信息化规划》《数字中国建设整体布局规划》等政策文件，广东省也先后发布了《关于加快数字化发展的意见》《广东省数字经济促进条例》《广东省首席数据官制度试点工作方案》《广东省数据要素市场化配置改革行动方案》等支持数字经济发展的纲领性文件。

近年来，受到新冠肺炎疫情和外部不利因素的影响，宏观经济受到极大冲击，数字经济成为我国增强内需消费、调整产业结构、加快经济复苏的主要方式，数字经济整体规模不断提升。根据中国信通院测算，2022年我国数字经济规模已经高达50.2万亿元，占GDP比重达到41.5%；在全球经济增长乏力的背景下，中国数字经济继续保持高速增长。

2022年，我国数字经济依然保持名义同比10.3%的高位增长，已连续11年显著高于同期GDP名义增速。大数据已成为数字经济这种全新经济形态的关键生产要素，通过数据资源的有效利用，以及开放的数据生态体系，使得数字价值充分释放，驱动传统产业的数字化转型升级和新业态的培育发展。

对于这些趋势,广电运通认识得非常深刻。广电运通2022年工作总结报告强调:数字经济是一个巨型的、复杂的系统,任何一个单位在研究数字经济的时候,一定要做好顶层战略的规划。信息技术已经渗透到整个社会的各个方面,其广度和深度是历史上其他技术没有过的。算力、网络具备很强的公共基础设施特性,一家公司主导一个封闭的信息产业链已经不再可行。只有开放性的产业环境,才能促进不同环节、不同角色的百花齐放、优胜劣汰,进而构建更加有竞争力的产业生态。

实现新一轮数字经济生态的繁荣,需搭建"政府+科技企业+生态伙伴+中小企业"联合的创新融通平台。"开放生态才能共赢未来"的理念已经成为行业共识。政府搭台,用资金和政策引导创新融通平台建立,并做好服务及监管;企业唱戏,类似广电运通这样的科技公司,应该充分发挥市场和"链主"作用,协同生态伙伴提供"技术能力+落地服务",全面推动各行各业的数智化转型。

作为广州市非常具有代表性的国有企业,广州无线电集团承担着探索新的发展路径、发展模式、让国有资本保值的重大使命。对于人工智能这个战略性新兴产业,作为广州无线电集团旗下以技术创新、机制创新为鲜明特色的子公司,广电运通则必须承接起广州无线电集团的上述重大使命，广电运通向人工智能转型，就是广州无线电集团顺应产业发展、响应党和政府号召、拥抱数字化浪潮的重要抓手。

广电运通的"124"战略，就是顺应趋势、立足自身的高度总结。2021年1月21日，广电运通2020年度工作总结大会发布了《传承基因、激发活力——聚焦124战略砥砺奋进》的工作报告。

报告提及："AI"根植于"Banking"之中，是有根可循的内拓外延。广电运通没有脱离"金融制造"这个母体，没有动摇原有的产业基础，没有搞推倒重来的颠覆，而是审时度势后进行战略调整，依靠金融制造这个基础和长板，在新旧动能转换中，加速向人工智能领域拓展。

广电运通描绘的"124"战略具体包括：

"1"，坚持"以客户为中心"的新发展理念，这是"124"战略的核心与灵魂。

广电运通人要坚持始终站在客户的立场上，以客户的思维方式和客户的需要为导向，来开展企业的一切生产经营活动和技术研发，并将其作为持续深化创新驱动发展战略、提升自主技术创新能力、激发人才创新活力、完善创新体制机制的出发点和着力点。

"2"，聚焦"金融科技+城市智能"两条主线，聚焦高质量发展。

广电运通要充分发挥人工智能在产业升级、产品开发、服务创新等方面的技术优势，突出强调科技赋能，构建新发展格局。

在金融科技领域，广电运通将通过创新智慧网点场景，增加金融服务触点，构建覆盖金融服务、智慧营销、智慧运营以及金融数据安全的全领域解决方案，推动银行现有业务场景的数智化转型；同时，协同银行延伸拓展金融服务边界，打通银行与场景数据通道，共创开放共享型智慧生态。

此外，积极探索以技术资本的模式参与智能合约平台、数据要素交易平台等金融科技新型基础设施项目建设，推动数字金融和实体经济深度融合，打造具有国际竞争力的金融科技产品与服务能力。

在城市智能领域，广电运通不断优化智能交通、智能安全、智能便民等现有"AI+"业务场景，推动城市轨道交通、城市公共安全等领域的便民、利民系统构建；同时，充分运用物联网、云计算、大数据等新一代信息技术，协同相关政府机构及企事业单位延伸拓展智慧警务、智慧教育、智慧医疗、智慧零售、城市大脑等城市综合业务，实现城市数据和信息精细化智能化管理。

此外，积极发挥"技术＋资本"的综合协同效应，从规划、设计、建设、运营等方面切入新型城市基础设施建设，助力政府统筹推进城市的数字化和智能化建设，提升城市综合治理能力和服务水平。

"4"，即强化"算法、算力、数据、场景"四要素协同高质量发展。

广电运通将搭建具有更强创新力的研究平台，进一步加大 aiCore System 等重要产品和关键核心技术研发力度，提升软件业务比重，强化要素支撑，形成具有核心竞争力的技术体系。

短短五六年时间，广电运通完成了在"飞行中换发动机"，在以数据为核心的产业链条里，广电运通不但已初步成为领先的行业人工智能解决方案提供商，还布局了数字经济投资、数字化平台建设与运营、数据资产交易等环节，数字经济产业链日益完备。

基于在金融科技领域多年的深耕，广电运通走出了一条具有自身风格的独特的 AI 之路。

第二章
AI 赋能银行创新

人工智能颠覆的第一个领域必然是金融。金融行业的特点是利润率高、数据有标注、结构化量大、问题定义明确垂直,这些特点和人工智能所擅长的领域非常符合。在各种金融服务场景中,互联网、大数据、人工智能等技术有望为传统金融注入新鲜活力。

——上海交大教授、欧洲科学院院士 徐雷

是理念，而非既得利益，是成败的关键。
——凯恩斯《就业、利息和货币通论》
最后一章最后一节最后一句话

毕马威（KPMG）研究显示，银行业正在加快向数字化转型，未来银行对数字化经营将持续投入。

立足数字经济时代，广电运通利用自身服务金融客户的优良基因，从之前相对单一的产品和服务，发展到了覆盖银行的全业务、全链条、全产品。除了通过为银行提供世界领先的全系列综合化智能产品，大大降低银行的运维费用、提升服务品质、扩展应用场景之外，广电运通还借助自主产权的人工智能、数据挖掘等技术，帮助银行更深刻地认识用户，更精准地营销产品。

广电运通还大力布局数字人民币，开展了环境搭建、运营管理、场景中台、预付监管、智慧营销等数字人民币综合场景业务，实现了在多个城市、多家银行的落地，具备了数字人民币场景的全链条建设能力，完成了从处理传统纸质人民币向处理数字人民币的跃升。

在广州市天河区，一栋造型奇特的建筑物矗立在天河东路110号，朝街的正面幕墙由钢架和玻璃组成，幕墙钢架就像大树的枝干，被拔地而起的七根柱子撑起。从外观看，幕墙犹如七棵大树紧密相连，因而有了一个浪漫的名字——"七棵树"。

这是建设银行广东省分行，以数字技术在广州打造的全国首个住房金融服务主题的5G+智能银行——建设银行天河七棵树艺术中心。站在"树"下，建筑组成的长廊如同岭南的特色建筑骑楼，有顶棚遮盖给过往行人挡雨遮阳，而走进大型白色钢结构大厦里，你会发现别有洞天，处处都显示着现代与传统的结合，渗透着为人民服务的情怀。

在年轻人眼里，它是潮流、酷炫的网红打卡胜地；在市民眼里，它是内藏一座"巨型虚拟城市"的广州数字住房中心；在金融顶层设计者眼里，它是一场建设银行主动应对时代变革的数字实验。

网红银行的数字实验

七棵树艺术中心一楼，有一面科技感满满的巨型电子屏，展示着广州市的三维数字地图。它和政府城市信息模型 CIM 平台的大数据系统衔接，用户能够实时查询广州各个区域的房源信息。无论是租房还是买房，通过它都能直观了解房源信息，不仅包括楼层、单元、周边等相关信息，还能轻松比较各区房价、查询公租保障房、存房案例等相关信息，为市民提供了一体化、集合化的信息查询平台。

另一个网红打卡的地标，是宛如时光隧道的时间长廊，穹顶下的幕墙记录着建行历年涉房业务的大事记。弧形的穹顶，则像繁星点点的星空，人在其下仿佛身处夜空，看着中华大地上的万家灯火。穹顶闪烁的一个个光圈，是一组组大数据，其来源是建行"建融家园"上每个省份的城市房源数，房源数越多，光圈就越大也越亮。

旁边的"融汇未来"特色互动区，以动画形式展示建行服务智慧城市、助力安居生活的内容。客户按动墙上的按钮，生动有趣的动画便投射在互动墙上，动画以"家—园—城"为线索，呈现建行在住房租赁、城市建设、智慧社区、智能家居、便民缴费、建行公益等方面的重大举措，讲述着建行金融服务和城市安居的深度融合。

作为全国首个以住房金融服务为主题的5G+智能银行，这个网点服务囊括房屋从新建到交易、从使用到维护的全周期金融服务，可办理建房、买卖房、存房、租房、装修、养老、家庭财富等多项金融业务，同时提供全方位的安居服务，实现住房金融从房屋物理形态服务到百姓安居业态的转变。

通过人脸识别、智能场景服务，这家5G+智能银行变成了一个懂感知、会思考、能交流的生命体，客户在网点的全流程服务中都能享受数字金融新体验。

它一改过往客户在网点坐等叫号的模式，通过主动服务和信息化手段，提供"以客户为中心"的服务体验，不仅能精准识别客户的业务需求、选择偏好，提供因时而需、因需而在的产品和服务，还积极向社会传递了建行的"便民文化""共享文化""社区文化"，打造了一个有温度的银行。

不仅如此，它还将智慧政务引入了银行网点。在智慧政务服务区，市民可通过智能设备办理社保、公积金、工商、税务、公安、残联、司法、不动产、住建、海关、民政、卫健、公共服务等13类共计167项政务服务，真正实现了"让数据多跑路，让市民少跑腿"。据悉，建行广东省分行全辖1100多个网点，4000余台智慧柜员机，目前都已开通这项服务。

从改造定位上看，它本是建设银行广州壬丰大厦支行。在升级改造中，广电运通凭借对金融业的深刻理解，为这家网点提供了全案设计、技术支持和硬件设施，通过广泛应用AI技术、智能设备，使之最终成为全国首家5G+智能银行网点。

改造完成后，壬丰大厦支行焕然一新，彻底摆脱了传统银行网点的外观和内饰风格的局限。它不仅是一家智能银行网点，也是一家嫁接了很多市政服务的公共服务场所，更成了广州市民的会客厅——市民们可以来这里，在优雅的会客区会客、休闲、喝咖啡。除此之外，网点内还有设施完备的路演厅、会议厅，为各种机构和个人提供路演服务。

换句话说，这家5G+智能银行，在冷冰冰的商业之外增添了很多公益服务职能。在正式开放后吸引了大量媒体、民众和国内外金融界的关注,国内外很多银行、金融机构负责人纷纷前来参观、学习。

"尽管金融服务随着技术的发展进一步向线上渠道迁移,但物理网点仍是银行重要的服务触点和营销渠道,在提供金融服务的基础上,将进一步扩展业务渠道生态建设,融合联动政务、社保、助农、便民等第三方业务,以拓展金融业务的触达范围。"广电运通高级副总经理、智能金融研究院副院长王利华说,"同时,随着网点向营销和体验中心的转变,用户体验将被放在更加重要的位置,通过环境布局优化、智能设备投放等智慧化改造,网点与生活场景深度融合,进一步提升了客户体验感和互动性。"这也是广电运通助力传统银行网点成功转型的典型案例,广电运通也因此充分而深刻地理解了传统银行转型数字化、智能化的多样需求。国家金融监督管理总局数据显示,截至2023年9月,中国银行业金融机构网点总数在22.57万个左右,虽然在绝对值的增长上放缓,但多样化的升级改造需求已开始爆发。

银行增购一台ATM智能设备可能只需要几万元,但对整个网点进行彻底改造可能需要上千万元,这将是一个千亿级别的新兴市场,而广电运通已经在该领域建立了明显的优势。

AI 推动银行 4.0 时代

人工智能的发展和落地,离不开"算法+算力+数据+场景"。金融行业由于其数据积累优势,以及不断发展的科技属性优势,成为人工智能应用落地的最佳试验田。而在庞杂的金融体系内,银行又是人工智能应用目前落地案例最多的场景。

1472 年,全球第一家银行诞生,随后在漫长的历史中经历了三次进化。

银行 1.0 时代,是以线下物理网点为基础的银行业态,从 1472 年到 1979 年;银行 2.0 时代,有了 ATM 机、自助银行、网上银行,从 1980 年到 2007 年;银行 3.0 时代,以智能手机的出现为开端,发展出了移动钱包、移动存款、各种 APP 应用等,从 2008 年到 2016 年。

但从 2017 年起,银行业已进入 4.0 时代。这次是以开放银行为特征,以人工智能技术驱动营销、风控、投顾、客服、支付等业务流程环节的战略重塑。

中国银行业协会发布的《2022 年度中国银行业发展报告》指出,数字化转型趋势下,金融机构经营逻辑正在向"深度客户经营"模式转变,需要真正从客户体验出发,重新梳理和定义核心客户旅程,并持续推动敏捷、快速、端到端的数字化流程再造和能力重塑。

整体来看，金融机构有必要借助一套科学的方法体系来重新审视自身资源禀赋和客户结构，并基于此加速开展客户研究和体验管理。智能客服（C）、智能信贷与风控（L）、智能投顾（I）、智能支付（P）、智能销售与营销（S），被广泛应用于银行前中后端各个业务链条。

"未来银行重塑包括三个关键层次，即战略重塑、客户认知和科技智能。"在毕马威看来，未来银行是银行业把握科技变革、重塑商业社会的奇点性机遇。

毕马威在其发布的《未来银行——AI整体赋能》中强调：战略重塑，是从上至下的"顶层战略—生态结构—基础设施"的公司治理重构，更强调专业化、模式化和生态化；客户认知，是以客户旅程作为价值链重塑的基石，通过重新对客户进行细分，依赖于"感知客户"与"客户感知"体系，重构银行与客户的关系；科技智能，则以数据为基础，通过"数据—价值信息—资产价值"的模型重塑银行业的发展。

中研普华产业研究院发布的《2022—2027年中国银行人工智能行业市场全景调研及投资价值评估研究报告》数据显示：到2022年，投资人工智能和人机协作工具的银行可将其收入增加1/3以上，银行人工智能市场规模超100亿元；2025年，全球银行人工智能市场规模有望超过6万亿美元，银行人工智能相关技术投资将增长86%。

目前，各家银行已相继推出自己的人工智能平台，比如工商银行的"工银智慧大脑"、中信银行的"中信大脑"等，加速推动智能转型，完善智能业务布局，致力于打造开放式智能生态。其中，又以多维度发掘客户新价值的数智化营销，最为业界关注和重视，被公认为银行业当前发展痛点的破解之道。

数智营销成时代新宠

当下，银行面临三大激烈竞争，即用户、数据和营销。

随着人口红利、互联网红利时代的结束，金融行业客户规模接近天花板，需要更多考虑的是定义、发现、服务和留存优质客户。移动互联时代，用户在越发丰富的场景中进行消费，对银行产品与服务的选择拥有更多主动权。

大数据时代，数据是重要驱动力，能否对数据价值有正确认知，已成为影响金融机构运营效益的关键因素之一。在产品同质化程度较高的前提下，银行机构间比拼的是谁能把服务、营销做得更好。

移动端、线上化带来的变革，又让金融服务需求变得高度数字化、个性化和碎片化。金融机构的营销方式，正在从"以产品为中心"向"以客户为中心"转变，需要的是客户、产品、内容和渠道互相适配的精细化运营。

这让银行间传统的市场竞争更加白热化。随着负债端优质客户的缩水，银行的目标客户群体已经下沉，更多向中小微企业和个人覆盖，下层客户的获取、留存，也是银行未来竞争的重要因素。

智能营销需求因此爆发。

依托数字科技，银行可预置一套规则模型，构建不同的客户标签属性，包括资产情况、消费情况、收入与职业、价值偏好、网络行为等，实现多维度发掘客户新价值，精准匹配产品和价格。

依托知识图谱等算法技术，银行可以将不同种类的信息连接在一起，从而形成一张关系网络，发现有效客户。通过数据画像和智能投顾技术，银行可以引领财富管理新方向，可以从当前给客户推荐单维度的产品，进化至构建适合客户的投资资产池。

智能风控，为银行开启了信贷业务新范式，大幅提高了风控流程的效率和信贷审核准确性；智能机器人，则可在贷前、贷中的风控中承担审批和回访的功能，在贷后阶段做类似人工催收的工作；智能支付，则在支付方式的多样化、便捷化，以及保障账户安全和智能管理上，提供更便捷的服务、更优质的体验。

对银行来说，挑战来自方方面面——包括但不限于获客方式、触达留存、规模扩张、价值创造、服务体验等。挑战的实质是：随着综合环境的变化和科技的飞速发展，民众的生活方式被重构了，而银行传统的经营模式无法与民众的全新生活方式相契合。

大势所趋下，监管部门多次颁布推动金融科技、数字化转型的相关政策，大力支持、鼓励，甚至要求银行、保险等机构进行智能化变革。

2022年1月，人民银行印发的《金融科技发展规划（2022—2025年）》，将金融数智化上升到了国家战略的高度，指出"站在'两个一百年'奋斗目标的历史交会点上，金融业要凝心聚力、砥砺奋进，不断破解发展瓶颈和难题，推动我国金融科技从'立柱架梁'全面迈入'积厚成势'新阶段"，并明确表示发展金融科技的第一条基本原则就是数字驱动；银保监会同期印发的《关于银行业保险业数字化转型的指导意见》也提出：充分利用科技手段开展个人金融产品营销和服务，拓展线上渠道，丰富服务场景。

提升数智化营销能力，合法合规运用大数据、跨媒体分析推理等技术盘活企业数据资产，洞察客户行为偏好和真实金融需求，在尊重消费者意愿和保护消费者合法权益基础上智能推送客户所想所需的金融产品、理财知识和服务信息，正是人民银行等监管部门引导的方向。

对商业银行来说，主动进行数智化变革、拥抱数智化营销，已经是国家所倡、民心所向、大势所趋的必选项。在认识到重要性和必要性后，各家银行机构对数智化营销、线上获客、客户资源管理等的重视程度和投入力度与日俱增，纷纷付诸实践、深耕探索。

平安银行秉承着"科技引领、零售突破、对公做精"十二字策略方针，将科技作为战略转型的驱动力，强化数字化经营、线上化运营能力，推动该行向"数字银行、生态银行、平台银行"转型。年报显示，平安银行2021年IT资本性支出及费用投入73.83亿元，同比增长2.4%，科技人员（含外包）超9000人，与2020年超8500人的规模相比，增长约5.88%。

中信银行则以数据驱动业务增长，为核心能力建设全面赋能，力争成为一流的科技型银行。2022年，中信银行成立一级部门大数据中心，统筹整合全行数据架构、数据平台、数据工具等技术资源，组建形成大数据支撑团队近千人，与业务板块联动，共同形成业务、技术、数据的"三角"架构，重点攻关取数用数难题。此外，中信银行还成立了全行级数字化运营团队，通过全行取数需求受理流程优化，取数效率同比提速30%。

招商银行则持续推进其3.0模式。招商银行认为，在经济发展面临"三重压力"之下，传统银行经营模式的增长空间将进一步收窄，要打开发展的新天地，需要从银行视角转向客户视角，全面审视自身经营服务，研究、把握、解决客户痛点和需求。

虽然各家银行都已经或者正在推进数智化转型，但囿于技术、经验和认知，实际效果差距明显。

数据智能咨询机构索信达根据服务多家银行机构的经验，总结归纳出银行数智化营销建设中存在的常见问题：客户数据分散割裂，缺乏统一营销数据平台、全机构统一的营销决策体系；尚未完全建立场景化营销思维方式，缺少具有"温度"的场景支撑；银行技术能力不足；等等。

索信达认为，打动客户、构建银行数智化营销体系的5个关键词，是洞见、技术、速度、个性化和体验设计。构建开放合作的生态，则是银行进行数智化转型的关键所在。

新时代的银行营销，不仅需要对用户心理和需求拿捏准确，还要求在整个营销过程中实现用户体验的闭环。只有通过整合营销方式，多渠道、多平台、多频次地影响用户认知，才有可能打造实现金融机构和用户双赢的智能营销体系。

生态伙伴在能力、实现技术、模式上的共创共建，能产生强协同效应，让各方更加高效地互利共赢，因此产生了各种新的合作模式。银行机构与科技公司、互联网公司等多元主体，近年来更是兴起了联合运营的风潮，"金融机构＋科技公司"的多方合作共同体，通过优势互补实现高效的数智化转型，共建数字生态。

在这种模式下，金融科技公司不再是以往只提供技术服务的角色，而是将合作深入实际运营层面。二十年如一日，深入服务银行等金融机构的广电运通，无疑是该领域的佼佼者。依托于强大的数字技术底座、丰富的行业服务经验、执行力超强的团队，以及专业权威的研究机构和专家学者，广电运通给出了领先的金融机构数智化变革解决方案。

数智化助力降本增效

在广电运通人看来，衡量人工智能战略转型成功与否的关键，不仅仅在企业内部，更关键的是能否协助外部客户成功、能否满足新兴的市场需求。因此，经过广泛深入的市场调研，广电运通选择了银行物理网点的智能化改造作为自己的战略破局点。

利用自身"智能服务＋数据运营＋智慧决策"的核心能力，广电运通根据客户的需求，设计并实施"5G智慧银行""数字化银行""远程视频银行"等多种智慧网点解决方案，并在传统ATM机具设备基础上，研发了大额取款机、智能交互设备等系列智能化设备，以智能化设备为切口逐步深入银行网点的智能化转型升级。

广电运通认为，银行的数智化转型，是自上而下的"一把手工程"，智能设备的引入仅仅是第一步。考验的更是企业的品牌力、运营力、与消费者的对话能力，以及为客户所构建的零售力。这涉及前期顶层规划制定，以及后期设备布置和人员配置等各个方面。

数字经济新时代的到来，推动银行加速利用人工智能、大数据、云计算等数字技术，也加快了其业务、渠道、产品的线上化进程，进而推动了银行物理网点在业务内容上产生改变。统计显示，以智能化的设备取代柜员，大部分银行"离柜率"可以达到90%。

如今，银行大量业务已经场景化，金融服务无处不在，线上渠道让银行业务随身带、随处见、随时有，一部智能手机就可以让老百姓实现生活缴费、购物消费、看病就医等日常生活支付。线下物理网点，更多用于对公支付、大额支付等有较高监管要求的业务。

与放置在银行网点营业区之外的传统 ATM 设备相比，新一代智能网点设备放置在银行网点之内，功能整合化程度、智能化程度和用户体验度明显提升。其取代的，不仅是传统的 ATM 设备，更多的是银行柜台服务，比如需要在传统高柜上办理的开户、销户等业务，均可在智能设备上完成，不必再像过去一样取号、排队。有需要的话，客户还可通过视频连接远端专业服务人员，享受一对一远程服务。

对银行而言，新一代银行网点智能设备的使用将明显降低银行成本、提高服务效率。这既节省了占地面积，又减少了柜台人员的需求量，解放出更多人力从事附加值更高的客户服务。

对银行员工而言，大规模启用智能设备，提升了员工的效率，简化了流程，减少了加班。而且，柜台人员减少并不意味着裁员，银行可以将网点开得更密、更贴近客户，比如近年来颇受欢迎的"社区银行"网点，人员配置虽然不多，但辅以智能设备，就能深入小区，为客户带来更有温度、更有黏性的服务。

智能设备的大规模启用，还带来了很好的社会效应，比如环保。传统的柜台业务，需要大量纸质文件的签署，智能设备的引入则基本实现了无纸化办公。线上化、移动端和社区银行的进驻，也减少了人民群众不必要的出行。

因此，广电运通加大了对远程视频柜员机（VTM）、智能柜员机（STM）、智能桌面终端、全功能综合柜台等新型非现金银行自助设备业务的拓展力度，全力推进其对传统现金设备的替代。VTM和STM结合了视、听、自助和专人服务等功能，将柜台服务、电话银行、ATM终端和网上银行服务有效整合，显著缩小银行网点租赁面积，提升了工作效率，降低了人工成本。

此外，广电运通还开发了多银行共享ATM系统、银行+政务智能平台、云VTM服务平台、云视频等产品和服务，在业务应用系统方面提供了强力技术支撑。同时大量引进人才，先后从中国工商银行、中国邮政储蓄银行等大型国有商业银行引进了既熟悉银行业务，又懂金融科技的复合型人才，从三大运营商引进了对行业有深刻理解和卓越技术能力的高级技术管理人才。

在人工智能、大数据、区块链等技术引领下，广电运通已开发了33个大类410余种智能终端，包括新一代银行网点智能柜台、多模态身份识别终端、无感式安检票务一体机等行业领先的智能装备，全球布放量超过160万台(套)，在人工智能的发展道路上跑出新一轮"加速度"。

在智能机具的基础上，广电运通对银行整体需求进行梳理，以多方面、多维度、多技术的方式来设计网点，推动银行网点逐步朝高效化、个性化、智慧化方向发展。事实上，广电运通的智能金融服务已经深入银行的所有业务，可以提供覆盖所有流程的服务。

客户的存贷汇、银行卡开卡等业务，在完成数智化转型的银行网点，都可以通过网点大堂的智能化金融终端自助完成。人工智能机器人，也能代替员工完成一些简单重复的工作，从而解放网点柜员。传统网点服务模式下，客户只能向网点单向流动，但完成智能化转型的银行网点工作人员,则可以携带智能设备外出为客户提供上门服务。

传统客服主要聚焦于客户问题咨询、投诉受理,但对客户业务办理需求,经常因系统、风险限制无法操作,只能由客户通过手机银行自助或前往银行网点办理,疫情期间的客户对"非接触式金融服务"需求突显,人工智能应用也因此成为银行转型的关键手段。

麦肯锡研究数据显示,成功的数字化营销能让银行销售生产率提高20%,客户流失率下降25%,交叉销售成功率提高160%,银行整体运营效率和业务表现也会显著提升,年收入增长35%。波士顿咨询公司(BCG)与中国发展研究基金会联合发布的《取代还是解放:人工智能对金融业劳动力市场的影响》则预估,人工智能投入应用,将缩减营销与销售环节60%的工作时长。

广电运通副总经理关健伟认为,数字营销要做到数智化,其实有4件事:开采(数据)、粗炼(信息)、精炼(知识)、聚合(智慧)。银行主要服务对公客户和零售客户,其中零售客户的业务占银行整体营收一半还多。银行当前的主要矛盾,是大规模零售客户体量和对服务高要求的矛盾,因此数智化营销是必选项。

服务客户的核心是为客户提供价值,广电运通数智化服务的核心,就是助力银行智能化降本增效。银行的数智化营销,包含了智能化营销和数字化互动两个方面。智能化营销,是指通过大数据、人工智能等新技术,实现客户信息的精准化分析和针对性营销;数字化互动,则是指借助社交媒体、移动应用等平台,实现客户与银行的实时互动,提升客户体验。

广电运通为某国有银行广东省分行提供的服务,就是在践行金融普惠服务要求的前提下,通过对客户服务的 AI 能力布局解决主要矛盾(零售客户规模与服务高要求)的典型案例。

广电运通研发的智能外呼系统,是以 AI 为核心,集智能语音机器人、传统客服、BPO 三者于一体的客服重构融合平台,主要包括:AI 大脑——HERO、智能语音机器人——AI TeleRobot、超级座席——Super Agent。借助语言处理、语义识别、机器学习等人工智能技术,广电运通将其应用于电话银行、手机银行等渠道,用"智能+人工"的方式,创造了网络化、轻量级的新型智能服务模式,得到了该银行及银行客户的高度赞誉。

通过构建覆盖金融服务、智慧营销、智慧运营、金融数据安全等一体的全领域解决方案,广电运通不但具备了为银行网点进化提供全栈式服务的能力,还能提供从规划咨询、创新设计到集成落地实施全方位智慧银行的建设服务,同时也提供上线后持续运营的维护服务。目前,广电运通已发展成为网点战略转型的策划实践者、网点全场景的设计实现者。

从金融机具供应商，到智能金融服务的解决方案提供商，广电运通完成了从"以处理钞票为核心"到"以处理数据为核心"的战略转型。从本质上看，这正是人工智能的核心能力。

在广电运通洞察先机，迅速推出对应的智能产品，从多方面、多维度、多技术、多场景给出银行网点智慧金融解决方案之后，六大银行、各股份制银行、城商行、农商行纷纷开启了网点智能化升级，一个千亿级市场空间正式开启。

截至2022年末，全国银行业金融机构营业网点总数达22.29万个，新一代智能金融设备需求也开始放量。这一年，国内银行业自助设备布放量达109.4万台，同比增加6.3万台。此外，全国改造营业网点数量达1.56万个。

单个网点智能化升级改造，保守估计以50万元计算，全国市场空间就已超过1000亿元。更重要的是，银行网点将不再仅仅是商业化网点，而是一个"数字化＋场景化"的生态圈。根据不同客群需求、打造极具特色和个性化的专业网点，如5G+智慧网点、对公无人银行等，为客户提供公积金、社保、民政、缴费等政务民生服务。网点不但能实现线上线下、用户渠道的逐步融合，还能扩展服务内容，为客户提供多样化、便捷安全的服务体验。

在金融科技领域，广电运通发展前景可期。对银行而言，广电运通的价值不仅仅是降本增效、协助其推进数智化变革，还能帮助银行将触角深入千行百业。

推动银行加速融入千行百业

获客，是银行发展的第一要义。

广电运通通过数智化变革，为银行带来了巨量精准客流。

在零售行业，某国有银行针对烟草零售商客户，携手广电运通，搭建了烟草零售商全生命周期管家服务。广电运通的智能营销系统通过提供国产化的智能营销工具，基于规则引擎、客群加工引擎、AI算法、机器学习模型等技术，以客户为中心，建设了线上化、自动化、精准化的烟草贷商营销平台，实现了银行烟草贷产品的个性化推荐，烟草贷商户的智能营销、客群维护。

广电运通还为该项目搭建了数据中台，建立了烟草贷商户数据集市，继而搭建客户信用模型，帮助银行实现了从"渠道到客户、数据到银行产品"的智能决策和精准营销。

项目包含两端。一是小程序端，有商户档案管理、线上贷款申请、贷款进度管理、客户经理商机跟进管理、商户积分管理、商户活动管理等；二是管理平台端，有活动管理、统计报表、权益规则管理、商户资料管理、商户标签画像、客户分配规则管理、客户经理管理、商户生命周期分析等功能。

广电运通借此实现了"一平三通",即一个平台服务三类不同的服务对象。烟草贷商户可以线上测算授信额度,实现在线贷款申请、查看审批与放款进度,大幅提高了贷款流程效率;银行可以聚拢烟草零售商户资源、拓展烟草营销场景、识别意向贷款客户及烟草零售端客群,为进一步精准营销提供平台支撑;客户经理可以在线上对接烟草贷业务,大幅提升了贷款拓客效率和客户转化指标。

"一平三通"的思路,被广电运通广泛、大量地应用在学校、景区、村镇、社区等有具体应用场景的银行客户合作上,落地植入了银行综合化智能设备,以及智能化的后台系统,从而实现多方共赢。

在文旅行业,以某景区为例,广电运通为其提供了集售票、入园、认证、统计、分析等各种功能于一体的强大的智能化设备和管理系统,在不增加园区前期大规模投入的基础上,既节约了运营成本、让运营更加智能,又通过"刷脸入园"等技术,提升了服务效率和游客的满意度。同时,园区门票买卖、游客消费等行为都通过同一银行的账户进行结算,为该银行贡献了长期稳定的现金流,其中活跃度非常高的客户,又为银行开拓更多新的业务提供了无限可能。

对撮合上述合作的广电运通来说,不仅让银行和园区双双获益，自己也获得了相应的收益。从内部视角来看，这其实是广电运通营销方式的重大改变。

传统的银行业务模式，主要考虑物流、人流、现金流。在ATM时代，广电运通与银行、终端消费者的链接主要通过ATM等现金机具实现，提供的是标准产品。其产品需求跟着银行走，销售是被动地卖产品，广电运通的增长主要是靠银行的刚性需求拉动。

但在数智化阶段，银行在关注物流、人流、现金流之外，还要考虑信息流，关注的是数据的抓取、流动、存储、分析和应用。无处不在的支付环节，不仅是银行获取数据的重要入口，更是链接银行与千行百业的重要接口，可以为银行导入大量潜在客户，带来可观的增量。

这种情况下，作为智能终端设备商的广电运通，不得不对在与银行、终端消费者的链接中产生的数据进行收集、整理和处理。广电运通的服务也因此变得更加主动，很大程度上承担了金融机构的营销、技术和数据运营顾问及合作伙伴等多种角色。换句话说，AI时代的广电运通，从最初的遵循客户需求，转变为挖掘、激发甚至创造客户需求，从单纯的设备供应商，转变为提供分散式场景金融的一站式解决方案服务商。

一般而言，学界和产业界，公认人工智能包含三要素：算力、算法、数据。广电运通则加了一个"场景"，黄跃珍强调，离开应用场景的人工智能就是"无源之水"。他说:"人工智能的发展核心就是'场景为王',我们希望更专注地为人们提供便利生活的解决方案,而我们所提供的产品和服务最终都将以场景的方式实现。"

为此,广电运通从组织架构入手,建成了以客户为中心的"1个研究总院+6大专业应用领域"研发与产业应用体系。研究总院负责前沿技术、通用核心技术的创新性研究,掌握着指静脉、人脸、自然语言等公共的 AI 核心技术和 aiCore System 人工智能大数据核心平台;专业研究院则面向不同场景,分别负责智能金融、智能交通、智能安全、智能政务、智慧文旅、智能零售等不同业务领域的应用技术研发。

相对于腾讯、华为等行业"巨无霸",广电运通凭借"场景为王"的差异化定位,从组织架构调整入手,将研究总院的公共核心技术传递到不同行业的实际应用,面向客户做更多场景化的落地研究,实现从核心技术到场景落地的产业链接。

这种各司其职的"技术+场景"方式,帮助广电运通构建起独特、良性的AI产业生态体系,也落地了大量场景化的成功案例。

比如某国有银行的数字人民币精准营销项目,在所在地成为国内第一批数币试点城市后,该银行急需通过便捷开发、迅速迭代的营销平台推广数字人民币钱包,抢占市场先机。广电运通自主研发的数字化营销平台被选中，为该行数字人民币钱包的营销获客、二类户拉新等活动提供"平台支撑＋运营服务＋立减金权益"的产研运一体化服务。

广电运通利用自身平台，为该银行对接了多个省政务平台等渠道和场景的拓客拉新、运营支撑。自活动上线到结束，某省政务平台渠道拓数币新客3万多户，某市政务平台渠道拓数币新客4.5万户，二类户新户拓客超1500户，效果显著，客户赞誉有加。

广电运通也因此发现了数字人民币的场景想象力和市场空间。

迎接数字人民币浪潮

数字人民币，是人民银行发行的数字形式的法定货币，以广义账户体系为基础，支持银行账户松耦合功能，与实物人民币等价，由指定运营机构参与运营，具有价值特征和法偿性。

数字人民币设计，兼顾实物人民币和电子支付工具的优势，既具有实物人民币的支付即结算、匿名性等特点，又具有电子支付工具成本低、便携性强、效率高、不易伪造等特点。它可在不依赖银行账户的前提下进行价值转移，并支持离线交易，具有"支付即结算"的特性。同时，数字人民币支持可控匿名，有利于保护个人隐私及用户信息安全。

数字人民币业务是一项重要的金融基础设施，广电运通在该业务上有先发优势。

依托智能金融研究院、广州数字金融创新研究院、中科江南、运通数达、深圳创自等研发单位和下属子公司，广电运通深度开展了智能合约、数字人民币支付通道、银行数字人民币业务系统、数字人民币硬钱包、数字人民币开立设备等多个方向的研究，逐步构建了数字人民币场景全链路建设能力，开展了环境搭建、运营管理、场景中台、预付监管、智慧营销等综合场景业务。仅2021—2023年，广电运通的数字人民币系统已经在20多家银行落地。

"从应用场景来看，目前数字人民币已在批发零售、餐饮文旅、政务服务等领域形成一批涵盖线上线下、可复制可推广的应用模式，尤其是政务服务等公共事业领域的应用探索有望持续加快，从而使得数字人民币真正实现便民利民。"广电运通旗下专注数字人民币场景落地和建设的子公司数达科技总经理陈岩表示。

广电运通的数字人民币应用解决方案，可以解决一些特殊场景的痛点问题。如，数字人民币有预付款管理功能——数字人民币智能合约。与其他电子现金不同，数字人民币基于智能合约，只有合约兑现后支付才能兑付，弥补了电子现金在预付款上的不可控风险。这种功能可以解决预付费商家跑路问题。除此之外，广电运通还开发了各种硬钱包，为校园卡、老人卡以及各种政府专用资金等限定场景应用赋能。比如财政专项资金、扶贫拨付应用数字人民币后，就可以限定使用场景，从而加快解决地方政府专项资金挪用的问题。

"广电运通现已具有完备的数字人民币产品及解决方案，拥有深厚的技术储备和项目建设经验，下一步将借助在金融科技、城市智能领域的优质应用场景，推动数字人民币应用场景持续扩容，逐步打通数字人民币的产业链路。"广电运通智能金融研究院创新中心总监卫晓欣表示。

在数字人民币的生态布局上，广电运通积极参与、持续探索。

北京冬奥会期间，广电运通与某大行合作，参与了多个馆外场景下的数字人民币智慧柜员机应用项目，支持个人数字钱包开立、硬钱包发放、充值提现、本外币兑换数字人民币等多种功能，提供"客户自助"业务，可为数字金融弱势群体、境外短期来华人士提供全方位的数字人民币服务，为科技冬奥打造了便捷支付环境。

广电运通还参与了多家国有大行的数字人民币生态系统建设及场景探索工作，能够提供B2B、B2C软硬一体的完整解决方案。

作为中国人民银行数字人民币工作组核心成员之一，广电运通依托自身强大的技术储备和数字人民币运营项目建设经验，协助制定了数字人民币相关标准,参与了多家国有商业银行的数字人民币生态系统改造及场景探索工作,向全国复制推广综合数字人民币场景应用解决方案,全方位助力数字人民币生态体系建设。

至此,广电运通已具备数字人民币场景的全链条建设能力,但支付这个类似"任督二脉"的关键环节还没有打通。

支付牌照是众多银行业务的数字化基石,包括城市服务、数字人民币、供应链金融、跨境支付等。根据央行、中国支付清算协会等发布的数据,国内现存有效支付牌照共计201张。随着战略转型的日益深化,广电运通深刻体会到支付牌照缺失对自身业务和发展的制约,萌生了并购支付企业的想法。

2010年成立的中金支付,就此走入广电运通视线。它是一家专业从事互联网支付的第三方支付机构,专注于为B端企业客户提供支付服务并提供相关增值服务。中金支付是中金金融认证中心有限公司的全资子公司,中金金融认证的背后则是银联商务。上海银联创业投资有限公司、广州银联网络支付有限公司分别持有中金金融认证公司79.5455%和20.4545%的股权。

广电运通认为,中金支付正向大数据、供应链金融、跨境支付等创新支付领域拓展,其在B端支付领域的优势资源,能与广电运通在金融科技领域产生较强的协同效应,完善广电运通在银行及政府金融科技领域的布局。

2022年11月24日，广电运通正式披露，与中金金融认证中心有限公司签署了《产权交易合同》，确认收购其持有的中金支付90.01%股权。

在广电运通看来，这次收购将使公司具备向客户提供资金支付解决方案的能力，从而进一步实现在各类场景和平台内的数据闭环，最终帮助客户提质增效，同时形成高黏性生态圈，使公司服务边界不断延伸。

自2018年开始转型人工智能以来，广电运通就坚持以"金融科技"与"城市智能"两条主线推进业务发展。在广电运通看来，金融科技和城市智能两条业务主线并不是独立发展的，而是利用数字金融、数据处理实现金融科技和城市智能的融合发展。

金融科技的发展战略是"AI+银行+场景"，这里的"场景"就是千行百业；城市智能的发展战略是"AI+新城建+投资"，通过利用5G、人工智能、大数据等技术，构建智能交通、智能安防、智能民生体系，形成更多的人工智能应用场景。

当城市智能中交通、安防、民生应用场景需要金融服务时，广电运通可以利用金融科技手段搭建线上平台，构建数字金融生态圈。生态圈的前端接入银行产品和服务，后端接入各种城市智能场景，真正打造全栈式"AI+银行+千行百业"，实现金融科技与城市智能齐头并进、融合发展。

这就是揽下一张支付牌照的意义所在。广电运通能借此打通"任督二脉",加快数字人民币支付和场景的建设,进一步夯实公司在数字人民币领域的卡位优势。

金融科技跑出加速度

2022年,我国数字经济规模达50.2万亿元,稳居世界第二,同比增长10.3%,占GDP比重提升至41.5%,数字经济成为稳增长促转型的重要引擎。

2023年全国两会上,"数字经济"在《政府工作报告》中再次被提及,这已是"数字经济"第6年出现在《政府工作报告》中。报告强调"大力发展数字经济,提升常态化监管水平,支持平台经济发展";2023年"将加快建设数字中国,将夯实数字中国建设基础,打通数字基础设施大动脉,畅通数据资源大循环;全面赋能经济社会发展,做强做优做大数字经济,强化数字中国关键能力,构筑自立自强的数字技术创新体系,筑牢可信可控的数字安全屏障;优化数字化发展环境,建设公平规范的数字治理生态,构建开放共赢的数字领域国际合作格局"。

随着新一轮科技革命的不断深化,数字科技产业呈现爆发式创新增长态势,金融科技进入了前所未有的极速发展期,市场规模从 2019 年的 3753 亿元、2020 年的 3958 亿元、2021 年的 4631 亿元增加到 2022 年的 5432 亿元。

金融科技日益成为数字化时代全球金融创新和金融竞争的制高点，金融机构纷纷开启行业数字化转型，不断加强金融业务与科技双向融合，致力于进入"价值驱动""数字赋能"和"科技创新"的新发展战场，在科技方面密集投入资金，积极吸纳人才。

未来智库金融科技报告指出，中国国有银行大力投资金融科技，其中，工商银行投资金融科技的金额高达 260 亿元，建设银行为 236 亿元，农业银行为 205 亿元；交通银行投资金额虽不足百亿，亦保持高强度支出，其金融科技投入占营收的比重在国有大行中最高（达 3.25%）。近五年，在大型商业银行中，招商银行和平安银行金融科技投入复合年均增长率分别为 29% 和 51%，两家银行近两年科技投入占营收比重均维持在 4% 以上。

中小银行联盟、金融壹账通、金融科技 50 人论坛联合发布的《2022 中小银行金融科技发展研究报告》显示，68.29% 的城商行重点通过科技赋能发展对公和产业金融战略，48.78% 的城商行重点通过科技赋能发展交易银行战略。

一个共识是——银行业要想持续稳定发展，必须持续加大关键核心技术投入力度，以科技"强心"引领服务创新，以数据"造血"释放金融活力，着力推动金融风险管理技术、云计算监控和算法创新等，以建设多层次数字金融投资策略和风险防控体系，进而推动金融科技基础设施升级、数据治理和优化产业发展生态。

但由于数字化技术和网络化联结增加了金融体系的脆弱性，且目前金融科技所依托的关键核心技术自主可控性仍然十分薄弱，导致金融科技存在加剧金融市场参与者的行为趋同性、放大市场波动和加剧系统重要性效应等问题，形成另一种形式的所谓"大而不能倒"。这很大程度上加剧了投资不确定性，使得投资者投资回报规模与效益受到严重影响，使金融投资风险评估的难度提升。

在此背景下，广电运通持续推动银行现有业务场景的数智化转型，助力银行拓展民生政务、生活消费、校园园区、文旅医疗等众多场景，为墨西哥、土耳其、阿根廷等多国银行提供数智化解决方案，主导我国多家银行数字人民币核心业务系统建设。

广电运通一方面对金融设备、金融服务及财税业务等长板业务保有存量；另一方面在智慧网点转型、金融信创、区块链等创新领域寻求业务增量。2022年，广电运通营业收入约为75.26亿元，金融科技占比62.41%。广电运通连续15年位居国内网点智能金融设备市场销量第一。

2022年，金融信创开启三期试点工作，并进入全面推广阶段。从金融信创实际执行情况来看，大部分银行推广效果比预期要好。信创金融设备在智能金融设备采购中占比已近七成，成为主流采购产品。广电运通多年来布局信创产业相关链条，除模块、整机、软件、适配服务外，更涉足信创云和咨询服务等业务板块，因具备全栈解决方案能力将继续保持领先优势，并借此在相关业务领域取得多点突破。

随着金融数字化转型进入深水区，单一的产品和技术创新已经越来越难以满足各行各业更加系统和复杂的转型需求。

近年来，广电运通布局算法、算力、数据和场景协同发展，持续进行研发投入，强化核心技术的攻关，不断推动算法、算力、数据等技术能力的迭代更新，将关键的、核心的技术及能力掌握在自己的手里，同时通过合作及集成等方式，不断完善自身技术及能力体系。

广电运通多款金融机具及软件平台2021年就通过了金融信创生态实验室的信创应用适配验证测试，包括大额现金存取款机、自动柜员机、智慧柜员机、iBank4.0全渠道业务统一平台等，成为首批在金融信创场景下通过适配验证的信创产品。

金融信创生态实验室成立于2020年11月，由中国人民银行领导，中国金融电子化公司牵头组建，专注于金融信息技术创新重要基础设施和专业化实验平台建设。

广电运通与人民银行金融信创生态实验室积极合作创新，参与多项标准制定与技术攻关，在人民银行第一、第二批信创试点金融机构中参与比例达到了80%以上。作为广东省信创联盟的金融适配工作组组长单位，广电运通还持续协同产业上下游助力金融行业解决方案的推广。

广电运通的转型也获得了资本市场的充分认可，公司市值从2017年12月的158亿元跃升至2021年12月的300亿元，增长近90%，2023年4月的市值更是达到了近323亿元。"在数字经济中，数据生产更关键，产业融合度更深，风险传播更复杂，这些新特点决定了金融体系需要主动适应新变化，以进一步提高服务数字经济的能力。同时产业数字化（工业、农业、政务、服务业）都需要数字化的金融进行支撑，由此也产生了巨大市场空间。"广电运通现任总经理李叶东在公司接受投资机构调研时表示。

新技术重塑明日金融

技术创新是经济增长的重要动力。以人工智能、大数据、云计算、区块链、物联网为代表的新一轮科技革命和产业变革将持续演进。人类文明的演进，就是一部科学技术进步的历史。从火的发明到电的普及，从马力、电力到算力，从宏观宇宙到微观量子，人类科技的进步一日千里，日益成为经济社会发展的第一动力。

福布斯预测2023年八大科技趋势，分别是：人工智能无处不在；元宇宙将部分实现；区块链技术如日中天；数字孪生方兴未艾；基因编辑日益普遍；量子技术高歌猛进；机器人更加人性化；自动化渐入佳境。这八大科技趋势大多都与广电运通的未来发展息息相关。

毕马威的《2022金融科技趋势研究报告》指出，当前全球金融科技发展趋势之一是零信任架构（Zero Trust Architecture，ZTA）重塑金融可信边界。

零信任是一种"永不信任，持续验证"的思想方法，旨在对任何进入网络的主体先行验证，再予以放行。零信任架构本质上是一种可信环境，为金融企业发展提供环境支持，重塑金融可信边界。

在金融数字化大背景下，基于零信任架构，金融机构在未来将针对远程或移动访问等多元化场景，在多方接入、数据处理、风险控制等方面对访问主体身份进行动态持续的核查和管理，打造安全、高效的金融访问环境，保障金融行业数据安全。

零信任架构已在众多领域展开实际应用，解决方案纷纷落地，并为产业、企业可信环境的建设带来了重大改变。在金融领域，尤其在银行业金融服务中，零信任架构在可信环境建立方面起到了重要作用。

随着银行数字化转型，服务内容、服务范围、服务手段等均存在改变，因此面临着分支机构接入需求大、对外开放接口增加、内部应用交互困难等新问题。针对上述问题，零信任框架打造了身份验证、动态授权、风险可控、自动管理的网络可信系统，解决了金融行业海量数据、业务访问安全问题。零信任架构以访问主体身份为认证关键，为未来金融系统可信环境的建设做好了接入准备。

在金融数字化转型的背景下，可以预见零信任架构将在可信环境建设中发挥更大的作用。对监管方来讲，应尽快对零信任架构的适用场景、应用方式制定相应标准或规范。统一规范将为零信任系统在金融及其他领域的应用划定法律边界，防止零信任系统在产业融合过程中的技术滥用。

随着人工智能、云计算、大数据、区块链、物联网等技术能力的提升，数字经济产业应用规模化效应不断增强，创新应用场景更加丰富，与之相关的新业态争相涌现，数字经济的发展不断刷新着人们的想象。

数字经济的发展不仅对企业的战略布局产生了深刻的影响，同时也改变了企业的增长逻辑。生产要素由劳动、资本、土地等物质性资源向数据、信息等虚拟资源转变，此类生产要素具有零边际成本、非耗损、易使用等特性，数据资源的集成可以带来经济产出的非线性增长。因此，数字经济时代的增长，是多维度的、结构性的，是非线性的。

以云计算为例，作为数字化应用的底层技术之一，云计算为金融、政企、教育等行业提供数据存储、数据分析、安全保障等多方面的服务。根据 IDC 数据，2022 年，中国公有云市场中，互联网、制造业、金融、政府分别占 44%、10%、10%、9%，位列市场份额占比前四，同比增速分别达 54%、52%、49%、56%。各行业上云的进程快速提升，除运输和建筑业外，其余所列行业的同比上云增速均超过 50%。

广电运通坚持创新驱动发展战略，持续加大算法、算力、数据及场景等的研发攻关力度，不断构建和完善数字技术及产品体系。

在云计算核心能力建设方面，广电运通自主研发的运通云入选了中国信息通信研究院编制的《云原生产品目录》。而在广电运通和生态伙伴技术支持下打造的广州政务信创云,已支持多家政府单位的多项政务系统上云,应用上线规模处于国内信创云前列,公司也成为广州第一家基于自主可控线路的政务信创云服务商。

数字经济时代,算法是数字经济的语言和发展引擎,算力是数字经济的核心生产力,数据是数字经济关键的生产要素,三者协同构成最基本的生产要素。而场景是数字经济的入口,也是很多中国企业发展数字经济的突破口。拥有精巧的算法、充沛的算力、足够的数据,还必须找到合适的应用场景,才能落地形成有效的智能化应用。而最终场景落地给出的"产品"或者是"解决方案",本质上是一系列智能化"能力"的组合。

广电运通通过人工智能战略转型,围绕金融科技和城市智能双主业相互赋能、相互协同发展,形成了"致力于成为最具竞争力的数字经济骨干企业"的战略定位,着力抢占各行业应用场景,提炼并掌握一批关键核心技术,深度挖掘行业数据信息,形成"智能终端+大数据"的人工智能产业布局。

未来,广电运通将持续在数字经济赛道发力,围绕数字经济布局诸多业务,包括设立数字经济投资运营平台、推广数字政府建设的实践经验、加速拓展数字人民币、参与成立数据交易等新领域发展,深度参与各行业数字化建设。

第三章
AI 让城乡治理更有温情

　　智慧城市发展，必须抓住人工智能技术的发展浪潮。与此同时，智慧城市建设恰恰为人工智能技术提供了用武之地。人工智能有望通过智慧城市建设中的实践，从发挥锦上添花作用的"维生素"变成不可或缺的"抗生素"。

——中国工程院院士　李国杰

社会的运行，离不开物流、现金流和数据流。

广电运通以 ATM 为核心的传统业务，处理的是现金流；以 AI 为核心的新型业务，处理的是数据流。

广电运通构筑了以城市大脑、公共算力中心、政企应用、安全运营为代表的数字政府应用体系：持续运营广州城市大脑项目，打造政府数字运营的标杆；建设运营广州市人工智能公共算力中心、广州国资国企云、广州政务信创云和广电运通云数据中心等项目，完成了从传统纸质钞票处理升级为数据处理的转型。

回望中国智慧城市的发展历程，2016—2017 年是一个分水岭。以人工智能、大数据、物联网等为代表的新一代信息技术飞速发展，在智慧城市建设各领域中，技术应用场景大规模落地成为可能，新一代信息技术成为加速推进智慧城市建设的核心动力。中国智慧城市建设，自此由概念导入、试点探索，正式进入全面建设的新阶段。

党的十八大以来，党中央高度重视数字中国建设，十九大报告提出建设数字中国的战略目标，国家"十四五"规划作出"加快数字化发展，建设数字中国"的部署安排，标志着我国经济社会进入全面数字化转型的新阶段。

第十二届全国政协副主席、国家电子政务专家委员会主任、"数字福建"践行者王钦敏认为，数字政府是数字中国建设的重要组成部分，也是数字经济、数字社会协同发展的重要驱动力量。建设数字政府、创新政府管理、改善服务效能成为世界各国的普遍共识。

同济大学副校长、中国工程院院士、德国国家工程院院士、瑞典皇家工程科学院院士吴志强认为，城市作为一个"生命体"正在不断智能化，同时，城市管理、规划与城市治理等也在走向智能化。

城市智慧治理，与大数据、人工智能等前沿技术直接相关，从数字化到智能化再到智慧化，让城市更聪明一些、更智慧一些，是推动城市治理体系和治理能力现代化的必由之路。

工信部牵头发布的《数字孪生白皮书》指出，到2023年，中国新型智慧城市市场规模将达到1.3万亿元。其中，又以交通最为关键，中国陆续出台《"十四五"现代综合交通运输体系发展规划》《"十四五"交通领域科技创新规划》等系列规划和政策，支持智慧交通产业发展壮大。中国智能交通协会数据显示，2023年我国智能交通市场规模预计将达2432亿元。

人工智能赋能城市治理

1998年1月，美国副总统戈尔提出数字地球的概念，数字城市 (Digital City) 走入大众视野。

数字城市是人类社会从工业化时代向信息化时代演进的标志性成果。它应用计算机、互联网、3S（指空间技术、传感器技术、卫星定位与导航技术和计算机技术、通信技术的结合）、多媒体等技术，整合城市的地理信息和其他信息，将其数字化后存储于计算机网络上，形成城市的自然、社会、经济虚拟空间。其既与智慧城市、感知城市、无线城市、智能城市、生态城市、低碳城市等概念高度关联，又同电子政务、智能交通、智能电网等相互融合。

2008年，IBM提出智慧地球(Smart Planet)战略，两年后又提出"智慧城市"愿景，并将这一概念带到中国，引发我国智慧城市建设热潮。

2010年之前，中国数字城市建设以散点建设为主要特征，各级地方政府及部委建设了相当数量的应用系统，呈现出"碎片化推进"的特征，形成部分信息孤岛和数据壁垒。

2012年，住建部发布《关于开展国家智慧城市试点工作的通知》、科技部下发《关于开展智慧城市试点示范工作的通知》，智慧城市开始试点建设。2013年10月，中国正式公布20个智慧城市试点城市。

此时，有关智慧城市政策尚处于摸索阶段，没有统一的标准，国家政策层面则继续发力。

2014年3月，国务院出台《国家新型城镇化规划（2014—2020年）》，将智慧城市作为城市发展的全新模式，列为中国城市发展的三大目标之一。同年8月，由国家发改委牵头，八部委共同发布了《关于促进智慧城市健康发展的指导意见》，提出到2020年，建成一批特色鲜明的智慧城市，在保障和改善民生服务、创新社会管理、维护网络安全等方面取得显著成效。

2015年，"智慧城市"首次被写入《政府工作报告》。年底，中央网信办、国家互联网信息办提出了"新型智慧城市"概念，深圳、福州、嘉兴三市被批准创建新型智慧城市标杆市，先行试点开展新型智慧城市建设。

随后，政府工作报告要求深入推进新型城镇化，建设智慧城市。"十三五"规划纲要进一步将智慧城市列为"新型城镇化建设重大工程"。2016年4月，习近平总书记在"网络安全和信息化工作座谈会"上强调分级分类推进新型智慧城市建设。

2017年起，新型智慧城市建设提速。党的十九大提出构建全面发展的数字中国、智慧社会，为新型智慧城市建设发展指明了方向。

中国信息通信研究院在这一年于国内首次提出"数字孪生城市"概念。

"数字孪生"诞生于2002年，即美国密歇根大学教授Michael Grieves提出的"镜像空间模型"。2006年，Michael Grieves明确提出"信息镜像模型"的定义，即在虚拟空间构建一套数字模型，数字模型可以与物理实体进行交互映射。

2012年，美国国家航天局兰利研究中心E.H.Glaessgen和阿灵顿空军研究室D.S.Stargel，受美国航空航天局阿波罗计划启发，首次明确数字孪生和数字孪生体的定义，提出数字孪生是融合物理模型、传感器、运行轨迹等数据，通过虚拟空间的镜像模型反映呈现物理实体的整个生命周期。

2017年、2018年，北京航空航天大学陶飞教授初步提出并构建"数字孪生五维模型",即物理实体、虚拟模型、服务、孪生数据和连接。2020年,清华大学杜明芳教授研究提出,数字孪生城市三要素是数据、模型和服务,各类城市业务系统数据、物联网感知数据、城市三维模型数据通过有序组合形成了城市的数字孪生体。

在"感、传、知、用"四层城市智能体架构中,"感"为感知,如同人的"眼睛"一样,以摄像头、传感器等各种物联设备泛在感知、采集城市各类数据,实现智能交互。"传"是传输,如同人体"脉络"流淌血液一样传输数据,5G、IPv6、F5G等网络技术的出现,为千行百业提供了智能连接。"知"则要用智能体赋予城市智慧生命,要以"人工智能"为核心,"一城一智"地建设城市智能体底座,培育城市生命体的自适应能力。

算力建设是"一城一智"的基础。通过集约化城市AI算力平台,将底层AI算力所需的相关软硬件需求进行汇总,可以让城市运转更高效、更智慧。于是,越来越多的城市开始投身到AI算力的建设中,实现了"算得快"同时解决了数据问题。

数据,是继土地、劳动、资本、技术之后的第五大生产要素。没有数据只有算力,正如巧妇难为无米之炊。以AI算力释放数据要素价值,激发创新、产生新知,是AI赋能城市的关键一环。

智能交互层和智能连接层获取的海量数据,保证了AI算力

"有米下锅"。以云、AI使能（ModelArts）、应用使能（ROMA）和数据使能（DAYU）打造城市智能中枢，使数据得以汇聚、存储、计算，继而产生应用价值。

2020年，华为提出城市智能体理念，把城市视为有机体、生命体，希望利用ICT技术，为每一座城市打造"眼、脑、手、脉"齐备、"感、传、知、用"协同、具有深度学习能力的一体化智能协同系统，从而让城市"能感知、会思考、可进化、有温度"，进而提升城市综合治理水平，让居民的幸福感更强、企业的生产效率更高，也让各行各业更具创造力。

AI应用正在赋予城市智慧生命，AI算力筑牢城市数字"地基"，通过城市"数字管网"源源不断地输送"数据石油"，叠加算力、数据，我们就能直观感受行业数字化转型的效果，建设新型智慧城市也不再遥不可及。未来，AI将超越水、电、煤、路等传统城市标配，赋予城市更智慧的生命力。

《中国网信》2022年第10期《数字中国建设发展成就与变革》一文中透露，全国一体化政务服务平台已基本建成。我国党务、村务、财务"三务"在线公开率超过70%。乡村信息服务体系逐步健全，累计建设运营益农信息设施46.7万个，提供各类服务9.8亿人次。

这些辉煌成就背后，也有广电运通人的努力和贡献。

广州城市大脑，就是这场颠覆性变革的先声。

市域智慧治理新标杆

2020年3月31日，习近平总书记在杭州城市大脑运营指挥中心调研时指出："运用大数据、云计算、区块链、人工智能等前沿技术推动城市管理手段、管理模式、管理理念创新，从数字化到智能化再到智慧化，让城市更聪明一些、更智慧一些，是推动城市治理体系和治理能力现代化的必由之路，前景广阔。"习近平总书记还提出：用数字化手段，以"绣花针"的方式治理城市。

为全面落实习近平总书记关于建设网络强国、数字中国、智慧社会的战略部署，广州市委、市政府全面加快数字化发展，深化"数字政府"改革和智慧城市建设，创新打造高度智能化的城市运行管理平台。

为此，广州市政府提出"一网统管"的理念，开始建设城市大脑（城市运行管理中枢），构建维系城市运行的"超级大脑"，助力老城市焕发新活力，积极探索符合超大型城市特点和规律的全周期数字化治理新路。

广州城市大脑（后更名为"广州市智慧城市运行中心"），位于广州市海珠区国际媒体港，吸引了全国很多省、市领导和企业前来学习参观。

走进一楼大厅，前方是一面巨大的屏幕墙，上面显示着放大跳动的广州市政务、环保、工商、人口等5大类关键数据，背后还有好几百个关于广州市城市运营的各种数据。这些数据实时更新，随时反映有着近2000万人口的广州市整体运行情况。

广州城市大脑运用大数据、云计算、区块链、物联网、人工智能等技术手段，按照数字孪生、万物互联、实时感知、运筹帷幄的建设原则，构建了与现实城市相匹配的数字孪生城市，建立起"一图统揽、一网共治"的运行模式。

建成后的广州城市大脑，是城市运行管理的总枢纽、总平台、总入口，是领导决策的指挥部、驾驶舱、调度台，领导可以不用出现在现场，通过这个系统，就可以直接掌握城市运行的体征和事件，从而实现实时监测、预测预警、协同联动、决策支持、指挥调度，达到"一网统管、全城智治"。

专家指出，通过广州城市大脑首创的城市治理要素数据五张图，能全时域感知城市心跳和脉搏。

五张图即"人、企、地、物、政"全景图。据了解，广州城市大脑对接业务系统115个，汇聚数据超80亿条、高清视频30多万路、感知设备11万多个，形成城市体征数据项3000多个，构建自然资源、交通运行等8大类211项指标的城市运行评价体系，建立起城市"秒级监测、智能预警、每月体检"的运行效能评估机制，真正实现了以城市管理和城市发展需求为导向，全面排查梳理全市服务管理要素。

广州城市大脑还以人为核心，推进与"穗好办"一网通办平台的有机融通，从宏观到微观，从业务条块到各级行政区域；把与企业、群众，生产、生活相关的各类要素资源关联聚合，构建起一个全息感知城市运行状态的数字孪生城市生命体。

此外，广州城市大脑还创建了广州特色的应用场景，全维度破解了城市综合治理难题。

以"高效处置一件事"为目标，广州城市大脑打造了"羊城先锋""疫情防控""城中村治理"等应用专题，建成泥头车跨部门综合治理、三防综合指挥调度、重大节日专题等跨部门跨层级跨领域综合应用场景，实现了对城市交通、基础设施、公共安全、生态环境、社会经济等重点领域运行状态的实时监测、快速预警、主动预防。

同时，广州城市大脑以城市大数据为基础，深度挖掘城市运行大数据背后的规律特点，用数据分析和仿真预测为城市管理提供决策支持和优化资源配置方案，实现决策实施"更精准"。针对重大活动保障、突发事件等城市级事件指挥调度难的问题，它也能依托市、区、街（镇）、村居（网格）四级联动的"一网共治"

体系，实现部门协同应对的快速响应、指挥调度和联动处置。

广电运通全面承接广州城市大脑的建设、优化和运营工作。

在时间紧、任务重的情况下，广电运通团队时刻关注并贯彻执行工程安全及疫情防控等工作要求，加班加点对接施工单位、全力保障场地建设，以制度约束和规范场地日常运营工作，高效高质地完成了项目建设，获得政府与市民的高度认可。

在广州城市大脑平台日常运作中，广电运通团队秉承着"日日有计划，周周有成果"的工作态度，每日均要进行数据的监测分析，每月对城市运行体征的 22 个重点指标项进行监测，并且持续梳理各个主题的业务与数据问题清单，与各委办局保持紧密对接与沟通，保证海量数据正确无误，系统安全平稳运行。

广电运通派驻到该项目现场的负责人贺玉表示，广州城市大脑的建设坚持"全国一流、世界领先"的目标，整合了城市信息模型（CIM）平台、四标四实平台、时空云平台、视频云平台等全市数字化资源，通过建设 AI 智能中台、区块链基础平台、大数据中台、融合通信系统等，融合了社会互联网平台入口、交通热力大数据，搭建起灵活开放的一体化总底座、总平台，最终实现了云、网、数互联互通及其快速同步的迭代升级。

除场地建设外，广电运通团队还出色完成了广州城市大脑项目的参观接待工作，积极承办全市性比赛、高峰论坛、新闻发布会等活动,搭建起与市民沟通的桥梁。特别是第130届中国进出口商品交易会(广交会)期间,助力11场城市保障发布和访谈活动的成功举办,得到市领导的一致认可,广州市人民政府新闻办公室更是专门给广电运通项目组发来了感谢信。

2022年,广州城市大脑被中央党校电子政务研究中心评为"党政信息化最佳实践标杆案例",在中国智慧城市大会组委会发布的《2022智慧城市先锋榜优秀案例》中荣获二等奖。2023年初,广州市在国内率先发布了市域治理"一网统管服务能力评估指标体系"(以下简称"一网统管指标体系"),为推进市域智慧治理提供了可量化、可评估的"标尺"。

广州市政务服务数据管理局相关负责人介绍,一网统管指标体系基于广州城市大脑城市运行管理中枢的有关数据,以"数据客观、科学导向、注重实效"为评估原则,从城市治理基础能力、数字化支撑能力、数据化服务能力3个维度评估全市"一网统管"工作成效,将通过"以评促建、以评促改、以评促管"方式,推动各区各部门贯彻数字政府建设全市"一盘棋"工作部署,并以此为契机,不断提升数字化基础设施、强化数字化支撑、巩固数字化服务成效,加快打造超大城市智慧化和现代化治理样本。

广州城市大脑的建设、运营水准达到了"全国一流、世界领先",成为市域智慧治理的新标杆。对广电运通而言,成功建设广州城市大脑项目意义重大。

一来为广电运通未来的城市智能业务打开了局面,有效地促进了广电运通智慧城市业务深耕粤港澳大湾区,深度参与其数字产业化和产业数字化建设;二来也让广电运通被更多地方政府了解熟悉,广州城市大脑项目吸引了来自全国各地的政府部门参观学习。此后,广电运通被众多地方政府邀请参与当地城市大脑的建设和运营。

河南省某市就是一个典型案例。

协助某市向数据资源型城市转型

河南某著名旅游城市,也是国家重要的能源原材料工业基地。总面积7882平方公里,常住人口498.71万人。作为一个典型的资源型城市,在过去的50多年中,这座城市因煤而兴。该市政府始终居安思危,担忧重蹈矿竭城衰的覆辙,一直努力进行经济转型,探索和培育煤炭等资源之外的新兴产业。

该市党政领导一直希望利用数字化手段提升城市治理水平,创建智慧城市。一个偶然的机会,他们了解到,广电运通在这一领域已经积累了雄厚的实力和丰富的经验。

没有无缘无故的相遇,广电运通与该市在数字产业上的交集从此开始。

以拼搏感动 以技术说服

此时,广电运通正在运营广州城市大脑项目。这一项目引发了该市有关部门的浓厚兴趣。随后,该市党政领导前往广州进行了详细考察,发现广州智慧城市的建设思路、运营模式,与该市的未来规划非常接近,考察组对广电运通团队也较为满意。此后,广电运通经营管理团队多次前往该市进行项目考察与对接。

尽管该市意向明确,广电运通也具备足够的技术实力承接该项目,但由于这一项目投入巨大,创新性很强,且在当地缺乏参考先例,项目能否落地还存在不确定性。

对于广电运通来说,这种不确定性就是最大的成本。但广电运通此时能做的,只有做好更充分的准备并耐心等待时机。

转眼过去了数月,广电运通终于等到了一个良机——该市方面前来参加广东省举办的数字政府建设峰会。广电运通抓住机会,邀请该市有关负责人到广州无线电集团考察,听取关于项目建设的汇报,该市有关负责人对广电运通的综合实力给予了高度认可。

趁热打铁,时任广电运通副总经理的魏东随后带队前往该市汇报建设思路。

一切都开始变得顺利起来。

可看似顺利的沟通，却一波三折。当时，广州个别社区还有疫情，外地防疫部门对从广州过去的旅客非常紧张。魏东一行人怀着愉悦的心情，从温暖的广州出发，到达郑州国际机场的时候，正值一场漫天风雪。大家没有时间欣赏银装素裹的中原风景，计划马上赶赴目的地。此时，意外出现了——一位同事只是因为来自广州白云区，一落地健康码就变红了。按照当时当地的防疫政策，这位同事只能被迫原路返回。出师未捷，"损失"了一位同事，大家美好的心情瞬间被破坏了。

但是，路还是要走的，事情还是要办的。魏东与其他同事，只能选择继续赶路。由于风雪，高速公路被迫封闭，大家只好选择走省道、县道甚至乡道。风雪弥漫之下，这段正常情况下只需两个小时左右的车程，一行人用了五六个小时。

当大家身心疲惫地抵达该市后，顾不上休息，立即展开调研，并在几天内就制定了一套完整方案。接下来的环节就是向当地领导汇报，时值春节前几天，领导都非常忙。眼看春节临近，广电运通的几位同事心急如焚、度日如年，但也只能等候时机。在万般焦灼中，一直待到春节前两天，大家才争取到给领导汇报的机会。

汇报非常顺利、效果也非常好，但广电运通的团队成员却高兴不起来，因为了解到几个友商也在积极争取这个项目，开出的条件同样很有竞争力，这就意味着广电运通将面临激烈竞争。

方案汇报结束后，郑州机场也已经关闭。魏东等人几经辗转，历经艰辛才回到广州，此时新年的钟声已经敲响。

在这个阖家团圆的欢庆时刻，广电运通该市项目组的全体人员都无法全身心放松——该市项目即将公开招标，尽管广电运通技术实力很强，项目经验丰富，综合优势明显，但不到招标结果公布的那一刻，大家悬着的心始终放不下来。

历经3轮严苛的专家评审，广电运通终于中标了该市智慧城市建设项目。

中标之后，广电运通人长舒了一口气，但随即又开始紧张起来——即将开始建设的项目是一块内容繁杂、技术难度大、建设周期长、客户要求非常高、创新点非常多的"硬骨头"，尽管广电运通有深厚的技术储备，但面临的难度依旧非常大。

对于这一重大项目，该市也非常重视，将这个项目作为一把手工程，书记、市长牵头，常务副市长分管，成立了当地的智慧城市建设领导小组，每个局委办信息化负责人都加入进来，城市运营中心也成立了一个专班。按道理说，有了当地政府的大力支持，这一项目的建设难度会小很多。但在实际进展中发现，项目建设难度依旧很大，广电运通加派人手、加班加点、不断攻坚克难。

更大的难度来自公司之外的因素。此次项目实施要对接二三十家单位，数据收集的工作非常繁重。广电运通的项目组每天举行晨会、每周召开周会，形成汇报材料报给主要领导，让领导们时刻掌握进度。

由于历史原因，该市各个局委办的信息化建设并不完善，城市管理中的大部分工作都是手工进行，即使有一些系统，其也非常陈旧。比如当地的城管系统在过去十年间一直没有升级，导致管理范围受到极大限制，且系统购买自第三方，对方服务不到位、协调沟通困难。

当地政务的外网也没有实现互联互通，要想打通就需要一大笔经费，但各个局委办尚没有这笔费用开支。另外，对接公安的用于城市管理的视频、户籍数据也需要打通。要建设城市运营管理中枢，就要对接人口居住的动态分布图、户籍等资料，对人进行全生命周期的管理，涉及城市规划的方方面面。

而且，国家有关部门先后出台了网络安全法、数据安全法、隐私信息保护法等法规，部分局委办对上述法律法规的理解存在差异，担心数据泄密，导致在接入、上传数据的时候有很多疑虑。此外，由于行政隶属关系不同以及历史原因，部门之间存在很大的数据壁垒。

虽然历经重重困难，但是，这些都阻止不了广电运通人以客户为中心、使命必达的执行力。

项目组组织了多次政府协调会，逐步克服了数据接入、上传环节的各种困难。

在该市项目现场服务的广电运通人也充分发挥了一贯的拼搏精神，夜以继日地辛勤工作。

"广电运通人都不休息的，"对接广电运通项目组的当地政府有关人士说，"就连'十一'假期，也在兢兢业业地工作。"

广电运通团队凭借不懈地努力，感动了该市各级领导，但更令其刮目相看的，是广电运通高效实用的技术能力。

aiCore System 再显强大威力

2022年6月，该市智慧城市系统雏形搭建成功，当时就汇聚了1千多路视频。这是一个惊人的速度，河南省其他地市的类似项目，都是开展了几年才汇聚几百路视频。

2022年10月1日，该市智慧城市开始试运营。11月，地方公安视频共享环节基本打通，系统汇聚的视频达到了1万多路，并共享给了两个县，成为县域治理城市的重要手段。

"广电运通人的项目执行力很强，推进很快。"该市地方领导说。广电运通以自己特色的产品、服务、技术实力赢得了业主方的认同。

之所以高效，很大程度上是因为采用的是广电运通自己开发的 aiCore System 技术底座。这个技术底座之前已经在广州处理了 80 亿条数据，此次在该市智慧城市项目中则处理了 2 亿条数据。

该市智慧城市系统，还建立有 AI 视频解析平台，可以自动检测道路上危化品的运输、道路堵塞等，这些信息被汇聚到城市事件中心。该市的 12345 市民热线，也被合并到了城市运营中心，通过 AI 和人工协同服务，形成了整个城市的事件中心。

城市运营中心（运营公司）承接复杂事件的指挥调度，普通事件 AI 自动分配、推送到相关部门处理。同时，该市智慧城市还建设有融合通信、防汛防火等应急指挥调度平台，极大提升了紧急事件的处理速度。

比如内涝水位监测，就可通过物联网、视频等监控设施汇总。如果内涝成灾，政府领导可以在指挥中心连线现场，通过指挥调度一张图，清楚地知道水灾现场周围的人员、专家、储备物资以及储备数量等信息，从而协同救灾，避免类似郑州"7·20"内涝的悲剧再次发生。

如果说，上述河南省某市运行管理指挥中心项目建设是一个点，那么，广电运通在清远数字政府 2.0 建设中就是走向了一个面。

数字政府 2.0 建设的清远模式

历经 6 个月高度紧张的工作，金晓峰博士终于松了一口气，他看了看日期：2023 年 5 月 25 日。

这是一个平凡的日子，但对于清远市数字投资运营有限公司（以下简称"清远数投"）全体同仁来说，这注定是一个难以忘怀的时刻。

这一天，"清易办"智慧民生综合服务平台正式上线，从这天起，近 400 万清远市民都可在"清易办"上办理就业登记、《就业创业证》申领等近 60 个部门 872 项行政服务业务。"清易办"正式上线运行标志着清远政府由"多部门多平台"向"整体政府一体化平台"转变，是清远"数字政府"改革建设，打造整体协调、灵活高效的一体化"掌上政府"的集中体现。

当天，"清易办"清远专版同时在粤省事平台上线。"粤省事·清易办"清远专版可办理公积金、不动产、社保、医保、户政、婚姻、教育等常用高频事项，并针对少数民族服务、人生事件、法人服务、特殊群体服务提供个性化民生事项，有效解决市民们需要"两地跑、反复跑"的问题。"清易办"相关负责人表示，"清易办"不仅可以查询公积金、社保、新生儿出生医学证明，还有生活常用的一键移车、生活缴费功能，同时上线本地特色旅游路线，纵览清远风情，可以凭借电子证明和电子凭证办理酒店入住。

与上述群众侧的便捷同步的是,政府侧的数字化治理水平大幅提升。

同步上线的清远市数字政府建设运营指挥平台项目,围绕"云、网、数、安"四位一体的建设理念,聚焦"一网统管""一网通办"和"一网协同"应用场景,集合了覆盖6大领域的17个"一网统管"专题和视频云平台、物联感知平台,汇聚了全市运行数据10.04亿条,共21大类3364个核心指标数据,以及全市53059路视频和13861台物联感知设备,在线率分别达96.1%和99.98%。截至2023年7月,清远市数字政府建设运营指挥平台梳理了22500路优质视频资源挂接到省"百千万工程"视频数据共享管理系统,以平台对接方式,完成清城区20台无人机接入省平台,摸清了8个区县和市直单位上报的634台无人机资源情况,为提升省平台成效提供了坚强保障。

英德市英红镇锦田村承担了"百千万工程"信息综合服务平台粤北片数据报送县、镇、村三级示范点任务,建立了覆盖市、镇、村三级的省平台账号共355个,梳理报送已完成编目挂接摄像头1346个和租用运营商等社会面资源摄像头79个。组织填报涉及示范点的9份信息收集表共计1009项指标数据,至7月21日已完成8份信息收集表987项指标数据的填报工作,在全省5

个示范点中排在首位。

基于集约化原则，避免重复建设，清远数投负责建设的数字政府建设运营指挥平台向各区（县）提供数字中枢底座能力（数据中台、AI中台、城市级视频云平台、城市级物联网平台等），促进市、区（县）两级上下衔接、整体协同，形成全市"一盘棋"的工作格局，实现"数字政府"改革建设向纵深发展。

上述成绩的背后，饱含了广电运通人的汗水。

身为清远数投总经理，金晓峰博士全程参与了一系列的项目，其中的曲折历历在目、感受颇深。

金晓峰博士团队发挥其在数字政府及智慧城市领域的专业性，优化调整清远市2023年均衡化发展项目的技术架构、数据归集、数据清洗治理及数据应用等全链条工作，以"清远市数字政府建设运营中心指挥平台""一网通办""政务外网升级"3个龙头为牵引，高质量推进2023年39项均衡化发展考核指标和省域治理"一网统管"工作评估指标的完成，为清远市搭建起覆盖市区县镇村的广东数字政府2.0建设基础，工作成果得到省政数局及市领导的高度认可。

清远数投副总经理张宏志在项目中承担了前所未有的压力和风险。张宏志及其团队1个月内调研了38个核心局委办，在数月时间内完成了清远市数字政府建设运营指挥平台大、中、小屏的初步建设；面对 19 个均衡化项目的同步推进，团队压力巨大，张宏志带领团队驻扎现场，攻坚克难，让项目组成员在项目中成长自我、磨砺自我，激发大家的工作热情，如火如荼推进项目建设，铆足干劲全力跑出了清远数字政府建设的"加速度"。

清远数投由清远市国有资产投资集团有限公司和广电运通共同投资成立，作为清远市"政企合作、管运分离"的重要载体，加挂清远市数字政府建设运营中心牌子，承建了清远市数字政府建设运营指挥平台（一期）项目、政务服务"一网通办"升级改造（一期）项目、政务外网升级（一期）项目等重点项目，高质量推进 2023 年 39 项均衡化发展考核指标和省域治理"一网统管"工作评估指标的完成。清远数投秉持"以数字工匠精神助力数字清远建设"使命，为清远市数字政府改革建设提供全方位支撑，致力于成为建设清远"数字强市"的先行者。

加快形成城市"数治"新模式

清远市数字政府建设运营指挥平台正在完善数字驾驶舱、数据中台、城市级视频云平台等核心内容建设。在城市数据支撑能力部分，基于广电运通 aiCore System 数字底座提供数据的采集、计算、存储、治理、融合、分析和运营等一站式服务及全生命周期管理，打造清远市数字政府资源汇聚及治理服务的数据中枢。

在城市数据应用能力部分,动态汇聚数字政府运行管理数据,集成接入各级部门业务系统,实现城市精细化治理。

围绕城市治理"一网统管"、政务服务"一网通办"、政府运行"一网协同",形成协同共享、精准决策的城市"数治"新模式,对城市运行态势进行立体化、可视化展示,为各部门分析研判和协同管理提供数据支撑,促进实现政府治理能力现代化,为城市高效有序运作提供有力的保障。

金晓峰博士透露,清远市大力推进数字政府2.0建设,实现民生服务便捷化、社会治理精确化、政府决策科学化,全面提升了清远市民的获得感、幸福感、安全感。在市域治理"一网统管"相关工作中坚持以业务应用为导向,从政府各层级、行业治理场景与清远市实际需求出发,探索"一网统管"的业务协同新格局。

清远市数字政府建设运营中心指挥平台采用"1+1+N"的建设思路,即"1"个统一入口,"1"个数字底座,"N"个主题应用(数据驾驶舱)。平台初步完成大、中、小屏建设,涵盖统一门户、数字驾驶舱、数据中台、城市级视频云平台等核心建设内容,可为"市、区、县、镇/街"四级管理部门提供数字化赋能。统一门户围绕"云、网、数、安"四位一体理念进行建设,横向拉通各局委办业务系统,纵向与省"统一身份认证系统""省一网共享平台"和"粤治慧"对接,结合城市级视频云平台、数据中台、AI 中台、物联网平台等，打造清远市数字政府中枢底座。

数字驾驶舱依托"粤治慧"平台能力，围绕政务服务"一网通办"、城市治理"一网统管"、政府运行"一网协同"3 大数字政府主攻方向。通过指挥平台的建设进一步夯实城市基础设施的管控、城市事件的治理范围，提升安全监管能力和水平，为全面感知、协同管理、辅助决策支持提供强有力的技术支撑。

推动数据要素市场化场景应用

清远还在数据要素市场化场景应用领域进行了积极探索。

按照广东省数据交易"全省一盘棋"布局和数据交易"一所多基地"的建设思路，结合本地优势产业，清远数投正在开展广州数据交易所（清远)服务基地（以下简称"清远基地"）的申报。

金晓峰博士接受采访时表示，清远基地将以数据要素市场化改革为抓手，推动清远本地数字经济和产业发展，助力清远稳步实现"十四五"期间的经济目标，以数据驱动"五大百亿级农业产业"（清远鸡、英德红茶、连州菜心、清远丝苗米、西牛麻竹笋）、纺织业、数据标注、陶瓷、水泥、再生金属等特色产业发展，包括行业应用平台建设情况、存量数据资源及价值、数据资源安全管理、技术支撑、数据壁垒，以及数据产权、流通交易、收益分配等方面。

清远基地将选取具有地区特色、数字化基础较好的行业龙头企业开展数据经纪人试点。在金融科技、公共服务、生态农业、制造业等领域布局行业数据空间，构建包含数据收集、加工、撮合、评估、交易、审计等环节的数据流通交易服务体系；积极培育数据服务商，鼓励开展数据开发类、发布类、承销类和信托类业务。

清远基地将汇聚清远市各类政务数据、公共数据和社会数据，连通数据的供需双方，以优化数据资源要素配置、释放和提升数据资源价值、促进数据要素价值流通、培育和壮大数据交易生态、着力推动数字经济高质量发展为总体目标，将清远基地建设成为具有本地特色的区域数据交易服务基地，打造全省标杆示范，走出广东区域协调发展新路径，形成新时代清远改革经验。

清远基地还将组建和培育数据发展联盟，通过联盟发挥供需对接、市场培育、交易撮合的桥梁纽带作用，逐步形成推动数据要素集聚、助力数字强市建设的良性态势，加快构建省市联动的数据流通交易新格局。

清远基地将拉动清远整体数字经济规模及占GDP比重稳步提升，助力清远稳步实现"十四五"期间GDP保持一定的年均增长速度。

清远基地的长期目标是数据交易标的类型不断丰富，覆盖清远核心产业和特色产业；数据交易额位居全省各地市基地前列，数据交易产业链生态体系完整；加快数据要素集聚发展，并形成一批具有地区特色和行业地位的龙头企业。清远基地建成具有本地产业特色的区域数据交易服务基地和全省数据服务示范基地。

上述项目中，广电运通 aiCore System 数字底座为数据中台、视频云平台、AI 中台提供了统一的技术开发框架及组件化、模块化和可配置的 AI 及大数据能力，以及从数据接入、处理、存储、计算分析到应用的全链条大数据技术服务，支持快速汇聚数据资源，提供便捷数据建模、分析和治理服务，大幅缩短了项目上线时间，得到了客户的高度认可。

清远模式由点到面

如果说，城市运行管理指挥中心项目建设是一个点，那么，广电运通在清远数字政府 2.0 建设中就是走向了一个面。这个"面"的含义：其一是不再只是单一项目性质，而是承担了该市数字政府建设运营中心的职责，该职责由市政府发文授予，负责全面、系统化地提升地方政府的数字政府治理能力；其二是从广州穗智管的运营和该市一定范围内的一网统管，走向了市域全面的"一网统管""一网通办"和"一网协同"的建设和运营，项目业务类型覆盖了"云、网、数、安"各个层面，同步提升了团队在数字政府方面的专业性；其三是这一模式具有很强的复制性，省内多个地市到清远学习经验，也将广电运通的品牌从清远推广到了更多地方。目前，广电运通正在探讨将这种模式在茂名、揭阳、梅州等更多地区落地。

届时，广电运通将助力更多地方政府提升数字政府水平，提升城市数字治理能力，并通过数字经济赋能当地产业，促进当地社会经济的发展。

对普通百姓而言，最令其切身体会 AI 赋能智慧城市之处的是交通出行。

AI 赋能　让交通运行智能高效

2002 年，广东某一线城市开始了大规模的地铁建设。当时，新加坡地铁是世界上最先进的地铁公司之一，受邀派人来该市指导、协助地铁建设。十多年后，当新加坡地铁公司高层再次来该市地铁公司访问时，立刻就被该地铁公司设备和系统的先进性、智能化震撼到了。

"在智能手段的应用、乘客出行的便捷、服务的友好性等诸多方面，该城市的地铁已经远远超过了新加坡地铁。"新加坡地铁公司高层由衷地感叹。

这当然不是一日之功。该市地铁公司的管理者们站在全球高度，通过极具前瞻性的布局、高标准高起点高服务的要求和对新兴技术的大力引进，才有了地铁的迅速发展。

作为票务、安检等设备和技术服务提供商，广电运通在该市地铁的崛起过程中发挥了积极作用，显示了国有企业的责任担当。在智慧交通领域，广电运通聚焦"以乘客服务为中心"的智慧化场景，积极探索"互联网+"、生物识别、大数据等AI技术在轨道交通行业的应用，"码上乘车""刷脸过闸"等场景创新已在多个城市地铁实现批量应用。

助力地铁安检智能化

2018年，该一线城市地铁公司与广电运通智能交通业务负责人探讨了自身存在的一个顽疾和痛点——地铁在安保上的投入很大，仅安保人员的人力开支就高达10亿元/年。

当时，该市地铁一个安检点就要布置5~7人，三班倒就需要15人。人力成本高不说，人员流动还很快，基本4~6个月就要换一批人，每换一批人就需要重新调查从业人员的背景。而且，地铁站点开站前，安检人员就要到场，所以安保公司要给安检人员就近租赁住房或者配置通勤车辆，才能满足安保人员的上下班需求。

在地铁站点设置安检点，源自2008年北京奥运会。

当时，北上广深等一线城市的人口突破2000万，武汉、苏州、成都、重庆等新一线城市的人口也已突破1000万。随着城市人口越来越多，地铁成为人们出行的主要交通工具，给人们提供了快捷、方便的出行选择。

但地铁客流大，空间范围小，设施复杂度高等特性，让其容易成为犯罪分子攻击的重要目标。2008年，由北京奥组委发起申请，经国务院批准，北京成为世界上第一个在城市地铁道路上进行安检的城市。

此后，站点安检逐步成为地铁标配。

当时，市面上流行的地铁安检，都参照机场和高铁的安检模式——人过安检门、物过X光机。但地铁的人流量大，且有明显的客流潮汐现象。除了春运等特殊时期，机场和高铁的日客流量，远不及城市核心地段地铁站一个站点的日客流量。

此外，高铁和机场的乘客对安检耗时较长不太敏感，因为大家都有提前到达候车（机）厅等待上车（登机）的习惯。在安检环节花费三五分钟，甚至半个小时，乘客一般都不会有太大的意见，但地铁站就不行了。而且，地铁站内空间相对狭小，若乘客大面积滞留则容易出现运营安全隐患。

这就要求在保证安检质量的前提下尽可能地快速完成安检工作。

2016年，针对上述痛点，该市地铁公司牵头建设了我国地铁行业首个国家工程实验室——城市轨道交通系统安全与运维保障国家工程实验室（以下简称"国家工程实验室"），广电运通成为七家联建单位之一，共同讨论了面向新时代的智慧地铁建设思路，并承担了其中部分关键课题的研究。

在广电运通眼里，客户痛点即商机。"以客户为中心"，是广电运通的核心价值观。在广电运通常务副总经理解永生的带领下，广电运通组建了以核心骨干为主的创新研究团队，充分调动和发挥科研实力和技术人才优势，承担了智慧安检、智慧票务和智慧客服三个场景的融合研究任务。

2018年，《国务院办公厅关于保障城市轨道交通安全运行的意见》下发，提出鼓励安检新技术、新产品的研发与推广，建立与城市轨道交通客流特点相适应的安检新模式，为安检的创新应用带来了政策指引。

传统安检的模式，需要安检人员手持仪器对通过人员进行全身检查，不但效率低、漏检率高、乘客体验不好，而且在大客流的情况下无法满足乘客快速通行的要求，容易在车站内形成客流聚集和拥堵，造成安全隐患。

广电运通的智慧安检创新研究团队，以"提高安检效率，保障乘客通行效率"为主要目标，推出乘客实名制安检解决方案，并在该市地铁站进行试点。试点结果极大提升了安检效率，获得该市地铁安检业务管理部门的高度认可。

2019年，在实名制安检的基础上，广电运通智能创新研究团队提出安检票务一体化方案，通过将安检和进站过闸进行结合，提升乘客进站乘车的效率，同时对安检门进行智能化升级，增加了分类识别能力。

地铁安检，重点防控管制刀具、棍棒以及其他非法物品。广电运通的安检票务一体化方案，可以有效识别乘客随身携带的手机、钥匙、钱包、眼镜等日常安全物品，快速查找管制类物品，避免误报，提升安检效率。

该方案的核心是人工智能算法和大数据，通过建立安检信息集成管理平台，实现对安检终端、安检信息的实时监控管理，运算效率要求非常高。它对乘客常规物品的报警进行了排除，也具备了对重点关注违禁物品的可视化标识，极大减轻了安检工作人员的工作量，降低了总体人工费用。

2019年9月，该系统在该市地铁某站点进行示范应用，为中国城市轨道交通开通运营50周年献上了一份祝福。

提升安检场景服务价值

上述城市地铁的智能安检系统第一阶段工作完成后，广电运通加深了对地铁安检的理解,着手考虑提升安检场景的服务价值。他们发现,除了进站安检,在确保乘客隐私的前提下,地铁还需要通过安检对车站的治安事件进行预防。

此前,地铁上活跃着个别惯偷、猥亵妇女者,过去是靠经验丰富、对站点非常熟悉的警察以及保安人员防范和识别,但如果站点太多太分散、人流量过大,单单靠人工识别难度非常大。

2020年,广电运通智慧安检创新研究团队紧跟客户方的需求,探索地铁安检与地铁公安联动的可行性,在地铁安检区域开启了警企"共建、共享、共治"的模式,实现了地铁安检系统和公安系统数据互通,在安检系统中增加了特殊人员、敏感人员识别等功能,可以提前预警、自动报警、自动追踪等。在示范站进行警企联动示范应用,一露面就获得各方的认可与好评。

除了改善对"人"的服务,广电运通还把创新做到了"物"上。安检用的X光机是一个相对传统的设备,但研发人员发现它有很大的改进空间。地铁与高铁、机场的场景差异明显,地铁站点是线网形分布,早晚班期间客流潮汐现象严重,站点和出入口众多,因此各安检点的X光机判图工作量差异很大。

广电运通发现,物品经过X光机是一个典型的数据采集与数据标注的场景,可以与AI深度结合。通过对大量疑似危险物品的特征进行标注,可以让AI在具体场景中自主学习、快速提升危险物品的识别度，目前识别准确率已超过90%。而且，有了该方案就能在集中判图模式下实现AI辅助判图——经过培训的保安人员可以在集中判图室内通过AI技术辅助功能快速识别危险物品，从而极大地提高危险物品的检出率和判图工作效率。

原理说起来简单，但开发过程困难重重。地铁乘客通过安检门一般需要3秒钟，这意味着X光机必须在3秒钟内完成扫描、数据上传集中平台、集中平台调度与同步显示、AI识别判断与提示、对危险物品开包预警信号下发等一系列工作，否则就会造成因乘客等待行李而阻塞通道等现象。

此前，常用安检系统是离线模式+人工现场处理，而这一套全新的联网智能系统对处理时效的要求非常高：一是信息传输的速度要足够快；二是识别、处理速度要跟得上；三是在高并发量的环境中确保识别的准确性、可靠性和稳定性；四是确保流程、数据能够沉淀下来。

第一项可以通过加强网络带宽来实现，但后几项都与训练AI有关。这是一个非常复杂的算法，要求有强大的算力、技术底座支撑，并非简单的技术集成。幸运的是，广电运通拥有自己的核心技术和创新应用，而且有着迎难而上、啃硬骨头的传统和作风。

广电运通智慧安检创新技术团队，先后探索了AR寻人、前置预警、重点人员轨迹、AI集中判图等一系列创新应用，将人工智能、大数据、智能感知、物联网等技术引入地铁安检环节，实施了乘客分级、人物同检，建立公安和地铁关注人群数据库，通过智能安检门进行快速识别，配合警企联动、人包关联等手段，用信息化、自动化、智能化手段提升重点人员和违禁物品的管控效率，做到及时发现、快速处置，将危险控制在萌芽阶段，同时还为遗落包、拿错包的乘客提供快速追索途径，提升地铁安检服务水平。

广电运通的研究总院在这一过程中也发挥了技术优势和协同效应。比如执法记录仪远程实时音视频对讲接入，形成公安、地铁等系统的联动应用；安检场景下典型违规行为特征识别算法建模，支持 AI 巡检替代人工巡检应用；实时大流量视频设备接入系统，实现安检实时视频监控等技术难关，主要都是由研究总院攻克的。

经过三年坚持不懈的高投入工作，广电运通终于圆满完成了地铁智慧安检系统的打造。广电运通以"AI+大数据"技术，助力上述一线城市地铁建设智慧车站示范工程，先后上线了智慧安检系统、智能语音客服系统、智能售票机、人脸识别闸机、智能客服中心等系统解决方案和设备。在城市轨道交通行业内，广电运通是首个完整落地应用的智慧车站解决方案提供商。

轨道交通智能系统领军者

改造地铁票务系统，是广电运通在智能交通领域的另一项创新。

出于历史原因，中国各大城市的地铁自动售检票系统（AFC）在相当长的一段时间内没有国家和行业标准，各家地铁公司自成一系，甚至同一个城市的不同地铁运营公司都有各自一套票务系统。年深日久，地铁自动售检票系统呈现"七国八制"的局面。更要命的是，多年以后很多系统供应商因各种主客观因素退出市场，不再提供服务，导致很多票务设备和系统无法及时维护、更新。

地铁票据最初是纸质的，后来进化成非接触式 IC 卡票，这种卡或筹码形式的地铁车票一个成本为 4 元左右，可以回收后反复使用，但很容易丢失。某地铁公司全面采用非接触式 IC 卡票后，有过一年流失 80 万张的纪录。

但科技的进步，给了地铁方推倒重来的机会。2015 年，苹果公司在伦敦地铁试点了通过 iPhone 手机过闸乘车，开启了地铁票务的移动支付时代。

中国的移动支付时代到来后，广电运通开发了集合多种购票方式的自助购票系统，其中一个重要功能是乘客可以通过银行卡、微信、支付宝等第三方支付购票。随后，地铁公司又主动提出，希望广电运通可以帮助其开发出通过手机发售二维码车票，让乘客扫码乘车的功能，逐步减少直到取消非接触式 IC 卡票。

与商超的扫码支付不同，地铁二维码车票属于凭证式应用，在支付扣费环节要通过乘客上下车的站点进行匹配，再按照票务规则结算。场景很特殊、应用非常复杂，但对在钞票处理上积累了丰富经验的广电运通来说，技术上难不倒。新一代的地铁互联网票务系统很快研发上线，随着扫码乘车的功能逐步普及，地铁运营公司不必再每天给自动售票机加钞、清点票据，一个地铁站点的票务人员从七八个减少到了三四个，节省了大量运营和管理开支。

作为行业领军企业，广电运通在城市轨道交通售检票系统和设备的市场占有率一度超过 35%。更重要的是，广电运通发现，通过技术创新，地铁票务系统已经从"以票为中心"，变成了"以人为中心"的实名信息系统，这为新冠疫情的防控预防发挥了重要作用。

从更大范围看，广电运通基于所提供的智慧化系统和智能设备可以协助轨道交通运营单位积累大量数据，还可以将乘客在城市出行场景和数据打通，例如支撑低碳公共出行、错峰出行引导、与公交公司联乘优惠等。此外，广电运通还可以帮助运营单位实现数据确权和运营，协助它们挖掘更多的数据价值，获取更大的商业回报。

近年来，全国地铁建设相对快速，新建地铁大规模采用数字化、智能化系统和设备。中国轨道交通行业智能化技术与装备全球领先，充分体现了中国智慧。广电运通作为行业内的领军企业，在这一过程中紧跟粤港澳大湾区智慧地铁建设步伐，为全国的智慧城轨发展起到了先行示范作用。

在中国科学院《互联网周刊》、eNet研究院、德本咨询联合发布的"2020 AI+智慧交通50强"榜单中，广电运通跻身前列。

实至名归下，很多城市的地铁公司纷纷邀请广电运通提供智能化解决方案。

据不完全统计，广电运通加大创新力度，不断探索和研究行业新生态，智能交通产品已覆盖10多个国家，以及国内40多个城市、100多条线路，广泛应用于地铁、轻轨、高铁、机场、高速路、客运站、港口、码头等多个场景，并参与了全国首个智慧车站、首个轨道交通全票种开具电子发票项目、首个AFC云票务平台项目等重大工程项目。

未来，广电运通将利用"智能终端+大数据"实现价值闭环，通过推进智慧交通场景创新和打造智慧出行大数据平台，为实现《交通强国建设纲要》中"人民满意、保障有力、世界前列"的总目标贡献自己的力量。

AI 支撑　强化国资智慧监管

随着国企改革进程不断深入，国资监管的模式与路径也在不断进步，数字技术全面赋能国资监管，尤其是近些年火爆的人工智能技术正在持续推动国企的数智化监管进程。

2016年，"穿透式"监管在国务院办公厅《互联网金融风险专项整治工作实施方案》中被首次正式提出，该方案要求各监管机构按照"实质重于形式"的原则进行互联网金融监管，应综合资金来源、中间环节与最终投向等全流程信息，采取"穿透式"监管方法，透过表面判定业务本质属性、监管职责和应遵循的行为规则与监管要求。

2018年，中国人民银行、中国银行保险监督管理委员会、中国证券监督管理委员会、国家外汇管理局联合发布的《关于规范金融机构资产管理业务的指导意见》中也提出"穿透式监管"的要求，"实行穿透式监管，对于多层嵌套资产管理产品，向上识别产品的最终投资者，向下识别产品的底层资产"。

2021年，国务院国资委发布的《加快推进国资国企在线监管系统建设工作的通知》（国资厅〔2021〕145号文）要求力争2025年底前，全国国资国企全面建立横向到边、纵向到底、全面协同的数字化智能化监管体系。同时，全面感知、智能辨识、智能分析和智能预测的智能化管理模式日趋成熟，驱动引领更多国有企业成为具有全球竞争力的世界一流企业。

专家认为，人工智能技术对于国企强化系统监测和风险预警，系统绘制企业"监管画像"，多维度、全视角综合分析研判，及时发现隐性风险点，强化风险防范主体责任，全面提升企业在线管控系统风险防范能力，加强对运营、债务、投资等重要领域风险防范和问题阻断的支撑作用，保持国有经济平稳健康运行，坚决守住不发生重大风险的底线极为重要。

运通信息，是广电运通的一家全资子公司，在上述的信息中敏锐地意识到机会巨大，开始积极探索智慧国资业务。

运通信息以广电运通数字底座、深厚的 AI 技术积累为基础，涉足智慧国资是非常有优势的，但此时运通信息主力员工多是从事金融业务的，对国资委如何监管国企的业务流程并不熟悉。不过，广电运通人的学习能力一直很强。运通信息研发团队接到任务后立即到外地做得比较好的兄弟省市学习，同时购买了大量有关书籍，大家加班加点学习，一支精干团队迅速组建，最终研发出了一套智慧国资解决方案。

机会总是留给有准备的人。

广州市国资委积极响应国务院国资委等领导部门的要求，以深化国企改革和"数字政府"建设为契机，为全面落实国务院国资委以管资本为主推进职能转变的要求，为增强国资监管的科学性、有效性，开始积极布局智慧国资系统。广州市属国企的信息化在全国范围内看还算做得不错的，但一直没有"一网统管"的监管系统。这给了运通信息一个极好的机会。凭借充分的准备、深厚的技术积累，运通信息顺利承接了广州市国资委智慧国资项目。

但真正开始以后，运通信息才发现项目难度很大。

由于历史原因，广州市国资委下属23家一级国企的信息化程度千差万别，这给智慧国资的建设带来了很多意想不到的难题。广州市国资委要求重点关注的指标有30多个模块，数据端口要求对接到下属的三级企业，总数达3600多家，这是一个庞大的工作量。

在风险防控上，国务院国资委给出了风险衡量指标，但由于国资经营类别不同，很难用一刀切的标准考察，因此必须制定一个更为科学合理的指标体系。为此，运通信息外聘了多位国内顶级专家，广州市国资委也抽调了多位业务骨干，广电运通母公司广州无线电集团财务、审计业务的负责人也参与到项目中。研发人员根据国家的惯用标准，设定出一个基础指标，参考企业历年经营数据，同类外地企业、同行同地区企业的指标等，多维度全方位地进行对标测算，最终制定了一个可以实时进行动态调整的、较为科学合理的指标体系。

国务院国资委非常关注各家企业的资产是否保值增值，尤其是疫情期间，国务院国资委对国资的增值保值有硬性要求。运通信息研发团队，根据各家企业报上来的大量经营数据，测算出在市场环境影响比较大情况下，如疫情对行业的影响有多大，然后参照公司自身的指标进行综合评估，找出问题所在。

按照计划，广州市国资委要在2021年底报送经营数据到国务院国资委。时间紧急、任务繁重，运通信息项目组成员都倍感压力。

由于国资委专用的财务系统有保密要求，无法直接对接其他系统。大量数据需要人工采集、重新输入；此外，由于不同系统的表格格式不同，无法直接导入，这更增加了数据采集、上传的难度，这块工作耗费了运通信息大量的人力物力。

得益于广电运通乃至广州无线电集团的大力支持，运通信息项目组成长很顺利、成员很稳定，确保了这个项目的建设一直很顺利。

经历繁重的研发工作，以广电运通 aiCore System 大数据平台为基础架构，广州市 AI+ 智慧国资国企大数据一体化平台解决方案终于完成了。

广州市智慧国资平台以产权管理为基础、资本监管为纽带、业务监管为重点、风险防范为核心,实现重大专项工作和综合业务的监管全覆盖,包括产权管理、财务监管、资金管理、投资管理、法务管理、董事会管理、业绩考核、资本布局、对标管理、风险防范、全息画像、预警研判等模块,搭建联通国资委与监管企业、政务平台、专业数据供应商等的数据交换平台,整合政府和企业各种信息资源,构建国资国企数字资源中心,加强信息共享、业务协同,不断深化数据监测层级,提升科学决策和风险预判能力。

广州市国资委智慧国资项目,采用最新大数据监管手段,建立"用数据说话、用数据管理、用数据决策"的监管机制,有效地实现了"大数据精细洞察企业、大数据内外风险监控、大数据驱动优化决策、大数据驱动精准监管",形成有效的国资监管闭环。

广州市智慧国资平台可以实现"大数据精细洞察企业、大数据驱动精准监管、大数据驱动优化决策"的目的,形成横向到边、纵向到底的数字化国资国企一体化动态监管体系,为国资委履行好出资人职责,加快实现从管企业向管资本的转变,提供强有力的信息化保障。

专家认为,广州市智慧国资平台有诸多技术优势与创新点,如:全面采集监管各个环节数据,形成完整的国资国企一体化监管体系;平台联通国资委与监管企业,构建国资国企数字资源中心，加强信息共享与业务协同；实现监管业务全覆盖；平台内置丰富的数据挖掘算法，提供核心的国资监管模型，实现风险的全面管控。

运通信息的上述产品和服务陆续开花结果：广州市智慧国资平台已完成智慧国资知识图谱平台 V1.0，并已在广州市国资委上线交付。另一个重要项目即数据共享交换平台的立项申请也已经完成，并实现了对广电鲲鹏服务器的适配。

广州市智慧国资平台在广州国资委 3000 多家直接监管和委托监管企业中使用，得到了国有企业的广泛认可，以及广州国资委有关领导的高度评价。

广州市智慧国资平台正在夯实 AI+ 国资产品，持续进行市场拓展。运通信息正在面向各级国资监管部门，大型国企等客户，致力成为行业领先的国资大数据产品提供商。

AI 加持　助力智慧审计

广电运通还以 AI 赋能了审计行业。

审计是一个非常传统的行业，存在诸多痛点：数据报送不及时、报送标准不统一、传统存储难以支撑海量数据、审计业务缺乏智能手段、数据内容缺乏多样性、数据没有跑动起来等，其中最关键的是缺乏系统的数据监督防范体系和模型化管理。

2018年5月，中央审计委员会第一次会议提出，构建集中统一、全面覆盖、权威高效的审计监督体系，更好发挥审计在党和国家监督体系中的重要作用。

习近平总书记在中央审计委员会第二次会议上强调：审计就像体检，不仅要查病，更要治已病，防未病，要做好常态化的"经济体检"工作，要求审计机关当好国家财产的"看门人"、经济安全的"守护者"。

审计署曾提出要求："审计要向信息化要资源、向大数据要效率""加强审计项目统筹、审计组织方式统筹""投资审计三个转变"。广电运通主要通过"人工智能+大数据+区块链"三大前沿技术，形成了审计行业的AI大数据审计平台解决方案，落地大数据应用辅助审计决策。

广电运通的数字化审计平台，包括智慧审计技术架构、智慧审计业务架构和智慧审计系统应用，全面整合了"财政联网审计""社保联网审计""公共工程审计"等功能，实现了基础设施、基础软件的安全可靠替代，进一步提升了大数据处理能力。

运用人工智能技术，广电运通数字化审计平台极大地提高了审计工作效率，原来人工需要一周才能完成的工作，基本上可以在一天内搞定。而且，可以实现全样本审计、审计监督全覆盖、审计过程可回溯，同时对审计过程和结果赋信，解决了传统审计的种种问题。

从数据源的角度看，传统审计方式中被审计对象的内部财务数据无法突破，只能抽样审计。运通信息的审计数字化平台支持各类数据源、数据格式接入，实现了审计数据覆盖财务、业务、外部互联网等不同领域数据，为多维审计提供了数据基础。

从数据处理的角度看，传统审计方式中审计人员要写SQL（Structured Query Language，即结构化查询语言，是一种数据库查询和程序设计语言）语句，自制表格，还要进行大量简单重复的工作。广电运通的审计数字化平台有丰富的数据分析手段，能提供可视化、智能化分析工具，实现统一科学的审计数据治理，可以形成高价值审计数据组织，供上层审计分析业务使用。

从问题发现的角度看，传统审计方式主要依靠个人，审计经验很难有效传递。运通信息的审计数字化平台，将审计经验固化为审计模型，构建了模型库，能利用数据挖掘、人工智能等技术发现隐藏审计问题。此外，还可以联网审计，实现持续性审计。

从数据呈现的角度看，传统审计方式数据分析过程无法直观呈现，审计结果呈现形式单一。运通信息的审计数字化平台，数据接入、数据治理、数据分析挖掘、审计结果生成全流程可视化，审计结果呈现形式丰富直观。

该数字化平台还有审计知识库。知识库主要是通过爬虫技术和对接造价站形成一般造价标准，囊括了技术经济指标库、设备材料价格库、计价依据文件库等，能自动识别严重偏离标准的项目。

此外，该平台还有大数据风险感知功能，能通过智能文本分析、数据分析、纸质扫描件信息提取等发现审计疑点，进而实现对审计资源、审计计划、审计项目、审计分析、审计成果、审计档案等的全面数字化管理。

投资界人士认为，广电运通的审计数字化平台具有广阔的应用场景，市场收益潜力巨大。

基于审计数字化平台，广电运通先后承接了广州市审计局大数据监管平台、大数据服务项目，建立了符合大数据审计的工作模式，建立了全面支撑所有审计领域的统一审计大数据应用和管理平台。其中，广州市审计局大数据监管平台受到了上级主管部门的高度认可，审计署发文将广州市审计局确定为"全国投资审计大数据融合式研究"六个试点单位之一。

在杭州市重大公共工程跟踪审计项目中，也出现了广电运通的审计数字化平台的身影。以统一项目赋码为基础，广电运通打通了财政、建委、交易中心等各部门数据，实现了重大公共工程的两级同审、流程再造和全过程监管。

广州市审计局、珠海市审计局、审计署固定资产投资审计司……广电运通的审计数字化平台,已经经历众多成功应用案例的检验,充分证明了其技术的先进性、实用性。

业内人士认为,广电运通的审计数字化平台,以先进的理念、超前的技术和良好的效果,已经具备了在全国审计系统中大规模推广落地的条件。

AI 参与　点亮平安未来

世界之变、时代之变、历史之变正以前所未有的方式展开,在这一宏阔的图景中,数字技术成为重组全球要素资源、重塑全球经济结构、重构全球竞争格局的关键力量。在以习近平同志为核心的党中央坚强领导下,我国信息化迈入加快数字化发展、建设数字中国的新阶段。随着数字中国建设的深入展开,数字技术正引领和推动着经济发展、社会治理、百姓生活等方方面面的变革,从信息化到智能化再到智慧化,也成为建设智慧城市的必由之路。作为国资背景的上市公司,广电运通深刻领会以人民为中心的发展思想,以市场机制为牵引,围绕城市居民生活安全场景,在智能设备售后、智能零售、智能文旅等领域,进行了大量的创新性实践。

通过"内部创新孵化＋外部产业投资"相结合的布局路径，广电运通推动城市智能领域的产业"矩阵"初步成形。公司内部孵化成立了运通智能、运通信息、平云小匠等子公司，拓展智能交通、智能政务、便民服务等领域。同时，通过投资并购广电信义、像素数据等公司，切入了城市公共安全、智慧教育等方向。

在广州无线电集团办公园区内，有一家广电运通投资经营的无人便利店，通过扫描玻璃门上的二维码即可进入。这家无人便利店面积不大，但货品品种丰富，其中有很多是帮扶偏远山区农户的产品。产品摆放在开放式货架上，有明确的标价，不同之处在于每件商品上面都有一个感应标签。选中商品后，只需要按照购物流程说明，将商品带到感应区停留几秒钟，系统就可以识别、结算。结算支持多种支付方式，包括数字人民币。

除了上述无人便利店，广电运通还自主孵化了"数字+服务"平台——平云小匠。

平云小匠是基于S2B2C模式，专注于智能设备售后服务领域的互联网创新平台。它整合了全国服务工程师、中小服务商，以及专业客服、物流仓储、备件管理、技能培训等服务供应链资源，为制造厂商、运营商和系统集成商提供一站式售后服务解决方案。截至2023年5月，平云小匠已拥有4000多家加盟服务商，服务网络覆盖国内2800多个县市区，加盟工程师超过10万名，成为智能便民服务平台的一匹"黑马"。

如果说平云小匠提供的智能便民服务让民众的生活更便利,那么,基于AI大数据技术的平安城市项目,则让民众的生活更安全。

在公安部大数据战略框架下,大数据已成为新时代公安工作创新发展的大引擎。作为广电运通布局城市公共安全业务领域的重要抓手,子公司广电信义定位于"基于AI视觉大数据的城市智能解决方案提供商",在广电运通视觉智能计算技术基础上,将新一代信息技术与业务深度融合应用,推动警务体制机制改革创新。公司凭借"公共安全平台开发建设""集成项目交付""智能化项目运维服务"三大能力,为客户提供全流程、全覆盖、全响应的公共安全系统解决方案,产品解决方案已成功应用于全国100多个城市及地区。

党的十八大报告强调"要深化平安建设,完善立体化社会治安防控体系"。作为国内最早一批承建雪亮工程、平安城市类项目的企业之一,广电信义2014—2021年先后承建某一线城市某区雪亮工程一至五期,以及视频门禁一、二期工程,完成雪亮工程建设"大满贯",项目覆盖前端监控设备、视频图像传输网络、基础支撑平台、实战应用平台、机房及配套建设运维等雪亮工程全部建设内容,成为国内首家具备技术研发、工程咨询、顶层设计、科学施工、安全管理、智能运维等雪亮工程全链条解决方案能力的企业。

值得一提的是，2016年全国首个智慧警务云平台在上述项目地区公安分局投入使用，平台提供可视化信息查询、多元碰撞、智能信息挖掘、布控预警、执法监督等多种功能应用，为公安人员获取高价值信息、快速侦查研判提供强大的技术支持。平台上线三年内上传视频线索超10万，协破案件几千起，协破重特大案件数百起，全区刑事治安总警情连续三年降幅超25%。截至2022年末，项目地区接入视频专网的点位数量超过16万路，高清点覆盖率达每平方公里77个，共同编织成一张全域覆盖的智慧"感知网"，构建集"打、防、管、控"于一体的立体化、信息化社会治安防控体系，实现该地区"全域覆盖、全网共享、全时可用、全程可控"的公共安全视频监控建设联网应用，进一步推动该地区社会治理信息化、智能化水平，有力提升了人民群众的安全感、幸福感。

2018年，广东省公安厅智慧新警务总体规划提出：以"视频云"建设提升深度感知能力，打造智慧新警务的"广东样本"。2019年，广电信义建设完成粤西某市公安局警务视频云项目，该项目成功打造国内首个城市级警务视觉计算云平台，采用视频专网和公安内网的跨网融合设计，提供视频图像解析系统、视频图像信息数据库、视频图像应用支撑平台及人脸大数据实战平台、车辆大数据实战平台、视频综合应用平台等多个警务实战应用系统，构建"1+N"纵向到底、横向互通的智慧新警务服务体系，实现"一云、一湖、一平台、N应用"的平台架构，赋能基层警务实战。该项目成为"视频云"工程在广东省内复制推广的示范项目。截至2019年11月，平台共产生有效预警数据3215条，命中在逃人员人脸信息400条，利用视频综合应用平台协助侦破案件265宗，串并系列案件6串107宗，打掉犯罪团伙6个，抓获犯罪嫌疑人316名。

同年，广电信义成功完成某一线城市地区智感安防区示范项目建设，该项目利用AI+大数据技术实现基层社区精细化治理，为项目周边区域构建起动态感知防控圈，日均采集处理人员活动数据达432万条，清晰掌握区域内近10万人员的活动情况，通过人车主动预警在逃、涉黄、涉毒、涉案、前科等人员50000余次。

2022年，广电信义建设完成粤西某市"公安局智慧新警务项目（一期）"，项目在公安警务云计算体系基础上，实现对人、车、事、物、组织的数字化管理，建立一个集指挥、情报、互联网监控、新闻等功能于一体的战略指挥中心，形成态势感知、稳态防控、精准打击、服务民生、高效协作、装备精良、保障有力的警务新模式。

随着智慧城市建设的不断深入，爆发式增长的视觉大数据成为城市感知体系中最重要的数据资源之一，在人工智能、云计算、物联网、5G、数字孪生、区块链等新一代信息技术的加持下，海量多元异构数据分析及挖掘越来越深入，在释放出更大价值的同时，视觉大数据治理场景应用与政府职能加速融合，在公共安全、应急指挥、道路交通、园区管理、社区治理等各个领域实现海量数据条件下的深度洞察和决策智能化，助力全方位提升城市管理治理智慧化水平。

2020年，广电信义在某一线城市建设完成国内首个城市级视觉智能计算平台——智能视频大数据汇聚共享平台。平台以三维地图为基础，打通政府各职能部门的系统、数据、资源壁垒，通过条、块结合的形式，实现政务服务一网通办、城市运营一网统管、网络基础一体同建、虚拟与现实相结合的三维云上城市。视频大数据汇聚共享平台以公共安全为主线，将指挥中心、监控中心、数据中心和服务中心融为一体，涵盖公共管理、公共服务、公共安全三大类应用，实现一中心、一平台、多张图，统筹管理城市运行，使视频应用与政府职能深度融合，大幅提升城市管理治理智慧化水平，推动该地区城市智慧大脑建设。

截至2022年末，平台共汇聚项目地区视频资源超过8万路，其中在线超7.8万路，总体在线率94%，涉及21个视频资源类应用，总计共享 36 家单位，同市政数局、区政数局、区住建局、区公安局、区教育局、区水务局、区市场监督局、区三防办、区交警大队等十多个局委办业务系统打通，视频共享点播月均接近 60 万次。

依托人工智能、物联网和边缘计算，广电信义为"智慧餐饮"提供"AI+边缘计算"核心技术解决方案，通过物联感知和其他技术手段对后厨实施全方位监督，包含人员管理、食品制作加工、餐具消毒、食品仓储、环境卫生和四害防治，实现食品链条源头可追溯、厨房无死角即时监测、平台数据智能化分析、餐饮单位规范化管理、政府监管 + 社会共治。

2019 年，广电信义承建某一线城市两区"互联网 + 明厨亮灶"项目，为 200 平方米以上持证餐饮单位及学校食堂提供视频监管服务，以 AI+ 边缘计算实现人脸检测、人脸识别、戴口罩/帽、穿工作服、吸烟、玩手机等行为有效识别，及时发现异常违章行为，并将告警信息发送给监管人员，对后厨进行规范化、透明化和智能化管理，有效保障食品安全。

AI 上线　打通政务服务"最后一百米"

最能体现广电运通国企担当的，还有其在乡村振兴项目上的投入和付出。

近年来，国务院、广东省人民政府相继出台了《中华人民共和国国民经济和社会发展第十四个五年规划和2035年远景目标纲要》和《广东省国民经济和社会发展第十四个五年规划和2035年远景目标纲要》，擘画了全面建设社会主义现代化国家的宏伟蓝图。

纲要指出，农业农村的现代化是全面建设社会主义现代化国家的重要一环和关键短板，乡村振兴则是一项关系全局性、历史性的任务。

为构建泛在普惠的政务服务体系、打通农村地区政务服务"最后一百米"、补齐政府服务村民的短板，广东省政务服务数据管理局（以下简称"广东省政数局"）牵头集中建设统一的自助服务平台，于2021年启动"粤智助"全省行政村全覆盖专项行动。

"粤智助"政府服务自助机，是一款专攻乡村场景的综合轻型化智能终端，集成了多种业务功能，以用户自助操作为主、现场工作人员协助为辅。安装、调试成功后，群众可以通过身份认证、拍照等方式，快速便捷地开展公积金查询、政务打印、医保查询、不动产信息查询、银行账号查询、助农补贴领取等200多项政府服务、9项金融业务自助办理。

作为广东省政府一把手工程,"粤智助"得到了省政府的高度重视,已经成为数字政府建设、乡村振兴的标杆工程。为配合广东省数字政府建设,广东省农村信用社联合社(以下简称"广东农信")发挥农村金融服务渠道和资源优势,积极参与了"粤智助"的落地覆盖专项行动。

广电运通中标了该项目,与广东省政数局、广东农信、交通银行共同研发出简易版"粤智助"。按照计划,广电运通主要负责"粤智助"政府服务自助机研发、生产、安装、培训及设备保障,必须在短短半年内实现全省行政村全覆盖。

时间紧任务重,但广电运通秉承"为群众办实事"的信念,成立了"粤智助"投放专项工作组。公司上下一心、众志成城,克服2021年全球供应链环境变化以及疫情蔓延的不利影响,从全国征调累计超过200名工程师、40辆车深入各乡村进行设备安装,终于完成了近2万台设备布放的艰巨任务。

基于基层服务人群的特点,在广电运通支持下,"粤智助"设备软件采用多操作系统,对不会操作电脑和智能手机的农村弱势群体进行了针对性的优化,降低了使用门槛,有效缩短了办理时间,让老年人也能轻松、安全地操作。

同时,"粤智助"也能支持不同农商行业务系统的需求,适配政务应用与金融应用,通过双目摄像人脸识别、加密签字屏、国密算法密码键盘等先进技术,让老年人更方便地享受银行账号查询、理财产品购买等金融服务。

清远市阳山县大氹村的老年人,以前办理银行卡基础业务需要在集市日到镇上银行排队办理,来去基本要花费一天的时间。现在,村民们在村里面的党群服务中心"粤智助"政府服务自助机上即可办理。

湛江市遂溪县下黎村的村民们,办理养老金生存认证服务,以前需要跋山涉水到镇上甚至到县城的政务中心。2022年3月,2天时间内,下黎村近1000名60岁以上的老人使用布放在村委会的"粤智助"政府服务自助机,足不出村就完成了养老金生存认证。

在普宁市各镇村,不少返乡群众在春节期间通过"粤智助"快速打印粤康码和行程卡信息,不但避免了手工登记造册的烦琐,还提升了登记效率,有效减少了乡村干部的工作量。

截至2023年1月,"粤智助"累计安装设备21595台,其中行政村20274台、镇街(含工业园区)1321台,实现了全省行政村全覆盖;接入公安、人社、医保、税务、农业农村、水电气、远程医疗等高频政务服务和公共服务总数396个;总业务量5228

万笔,其中镇/街总业务量84万笔、行政村总业务量4042万笔、银行网点总业务量1102万笔;总阅读量26万次;服务群众总人数1671万人(去重);热门服务事项(前五)包括:空气质量、身份证复印件打印、户口本复印件打印、社会保障卡、广东省重点农业龙头企业名单查询……

"粤智助"为近6300万农村群众提供了"就近办、自助办、一次办"的全新体验,让群众办事"小事不出村、大事不出镇",切实提升了群众的获得感、幸福感,引发央视新闻联播、《人民日报》、南方网等各大媒体竞相报道,还入选了广东金融业"我为群众办实事"实践活动"服务乡村振兴"优秀案例。

随着"粤智助"政府服务项目的深化部署,政务服务向基层延伸也有了新抓手。

以清远市为例,截至2022年3月,"粤智助"已实现从连樟村1个村,到全市1031个行政村200万基层群众全覆盖的飞跃。通过创新服务模式,清远推出了"粤智助"电视频道清远试点项目,将"粤智助"植入广电网络电视机顶盒,频道内设"政府服务查询、政府服务预约、生活百科、中小学教育、法律援助、远程医疗、普惠金融"等栏目,使政务服务向社区居家客厅和乡村家庭延伸,让农村孩子在"双减"背景下享受优质教育资源,让群众足不出户查询各种政务信息。

广电运通华南分公司总经理李鲜花表示,在功能层面,"粤智助"将进一步提升民生服务能力和交互体验,融合语音识别和人工智能技术,提供智能搜索、智能客服、语音交互办事及引导咨询等服务;试点通过5G政务外网专网(APN)接入"粤智助",提高自助机部署灵活性。

此外,"粤智助"还将不断拓宽渠道合作领域,探索通过多渠道自助终端开展政务服务"跨省通办",实现与周边省份自助政务服务异地办理,共同提升服务能力。

"粤智助"也创造了新的商业模式和合作模式。

一直以来,在场景服务上下功夫服务好客户是广电运通赢得客户的"法宝"。"粤智助"给广东农信开拓了一个新的应用场景——直接触达6500万村民,这是广东农信以及交通银行的精准目标客户。同时,政府、村镇在没有增加任何经济负担的情况下,就解决了偏远乡村办事难的老大难问题。

"粤智助"实现了各利益方的多赢,而这正是广电运通人一直追求的目标。

第四章

共建信创新生态

　　信创作为中国建设数字经济的基础，在数字生态系统中发挥着至关重要的作用，也是实现科技自立自强及保障国家安全的重要抓手。在数字经济的浪潮下，加快推进数字经济和信创建设，必须构建政、产、学、研、用的生态系统。

　　——中国工程院院士、著名计算机专家　倪光南面对时代赋予的重任,广电运通人总是义无反顾、一往无前。

基于国产芯片和操作系统等核心技术创新的信创,是在内外部复杂因素的交织中起步的。

作为国家级创新型企业和中国电子百强企业,广州无线电集团充分发挥高端科技+产业培育优势,推进创新科技信创产业的落地。广电运通作为无线电集团的核心人工智能行业应用企业,积极履行国企责任,迅速响应国家信创战略,大力推动新一代数字技术发展,积极落实"鲲鹏+昇腾"创新中心、人工智能公共算力中心等信创项目。

除了通过自研推动关键技术突破,广电运通还通过投资等方式快速布局信创产业链,助力构筑数字经济安全新长城,目前已形成模块、整机、软件、适配服务、信创云和服务等六大业务体系,实现了从"自主可控的纸质钞票处理服务能力"到"自主可控的数据处理服务能力"的战略转型。

时代的大潮，总是在你不经意之间到来。

时代的重任，总是在你肩膀还稚嫩的时候降临。

信息技术应用创新（简称"信创"）就这样来到了广电运通人的面前。

信创是国家基于国产芯片和操作系统的 PC、服务器、网络设备、存储设备、数据库和中间件等基础设施的核心技术创新。信创产业即信息技术应用创新产业，是一条涉及 IT 基础设施、基础软件、应用软件、信息安全的庞大产业链，是数据安全、网络安全的基础，也是我国新基建重要组成部分。

当前，信创已成为我国信息技术产业发展的重点领域。信息产业是一个发展潜力巨大的市场，每年全球信息计算终端市场规模近 2 万亿元，仅中国计算终端设备市场近 4000 亿元。

但在计算终端产业链上，中国企业仅在整机制造等价值量最低的环节具有优势，利润率最高、产值最大的核心芯片（CPU、GPU 等）和操作系统、办公软件等市场，少数国际 IT 巨头占据 95% 以上的份额。随着全社会由 IT 时代步入 DT 时代，大数据驱动人工智能成为各行各业的发展动力，其中最受关注的便是信息安全问题。

目前中国大力发展数字经济，必须做到自主创新，打破信息技术领域被掣肘的僵局。发展底层芯片与基础软硬件，是实现信息安全和产业安全的根本保障手段。

我国信创产业的发展，可划分为预研、可用、好用、推广四个阶段。2006—2013年是预研阶段，国家启动"核高基01专项"标志着信创产业的开端；2014—2016年是可用阶段，标志事件是2014年海思智能电视SOC芯片研制成功并实现量产；2017—2019年进入好用阶段，标志是2017年召开的核高基重大专项第二批工程启动会；2020年开始进入推广阶段，目前已初步构建了从芯片到基础软件、应用软件的信创生态，具备规模化推广能力。

作为中国倡导"核心技术自主可控"第一人，倪光南院士早在2019年就反对技术领域的"穿马甲"式创新，强调推进数字经济，"数字产业化"要围绕实体经济进行，目的是将实体经济做得更大、更强、更高质量，而不是相反。

信创产业在困境中启航

近年来，受网络安全事件频发和中美贸易摩擦等外部因素倒逼，中国在基础软硬件及其应用领域有着迫切的信息化创新需求，中国信创产业在内外交困中艰难启航。

信创产业链庞大，涉及基础硬件（芯片、服务器等）、基础软件（操作系统、数据库、中间件等）、应用软件（OA、ERP、办公软件等)、信息安全(边界安全产品、终端安全产品等)4个部分,其中芯片、操作系统和数据库是更为重要的产业链环节。

2008年微软的黑屏事件、2010年伊朗震网(Stuxnet)病毒事件、2013年美国"棱镜门"事件、2018—2019年中兴和华为芯片断供事件、2020年微软Windows 7停止服务事件,一次次为中国信息安全敲响了警钟。

对企业而言,潜在的后门、漏洞和断供风险,不但影响监管审计要求,也是业务发展的最大威胁。中国必须通过信息技术应用创新,"关后门""补漏洞""防断供",实现"本质安全""过程安全"和"产业安全"。

中国信息产业虽然发展迅速,但缺乏全链路自主创新,亟须打破发展瓶颈。而且,市场竞争日益激烈,国外信息技术产品报价居高不下,国内产业利润被不断拉低。要想改变困境,寻找新的经济增长点,就必须掌握核心技术。

为此,党和政府提出建设"数字中国",发展"新基建",从政策层面引导加速信息产业技术创新和高质量发展。自2015年开始,中国先后出台了一系列政策,并在全国完成了数百个试点工作。

中国信创产业发展,以国产化核心技术替代为基础,以自主安全为目标,有个三步走的战略规划,即"2+8+N"。首先在党和政府机构落地，其次扩展到金融、电信等8个关系国计民生的行业，最后是其他行业。在组织属性方面，党政机构、事业单位走在前列，央国企紧随其后，最后是民营企业。

目前，信创领域的相关技术、产品基本达到了可用水平，正朝着"好用"的方向不断迈进，并有望在办公领域全面推广。据相关统计数据，目前信息技术应用创新类产品已基本满足了主要的办公需求，有利于进一步提升相关厂商在核心技术和产业链中的话语权，构建完善的信创体系。

电力、航空、铁路、税务、海关、银行、保险、证券以及电信网、广电网等战略性行业，对信息技术应用创新的重视程度亦不断提升，以银行业为例，作为对数据安全和信息安全需求最大的国计民生性行业，其IT解决方案市场规模超过每年1200亿元，其中硬件占比超过50%，也是信息技术应用创新率先推进的行业市场之一。

此前，中国金融领域的信息化长期依赖进口设备和系统，银行业与IBM、HP的大型机捆绑尤深。在国家鼓励"信创"的背景下，金融行业IT基础设施"信创化"是必然选择，数字化转型过程中核心技术自主可控也是大势所趋。

2022年1月，人民银行印发《金融科技发展规划（2022—2025年）》，提出建设绿色高可用数据中心，架设安全泛在的金融网络，布局先进高效的算力体系，夯实金融创新发展的"数字底座"。

这预示着金融科技领域一个巨大的市场正式启动。新一代基础架构设计，主要以"国产核心技术+国产核心硬件+国产核心云方案"的超融合基础架构部署为核心，需要全面支持核心系统、金融科技研发、AI 金融服务等行业场景，基于业务对数据、计算量以及新兴技术嵌入有着多方面的需求。

中国的商业银行和证券公司，大量使用非国产服务器，其 IT 底层基础设施有较大信创空间。一旦开展"信创"落地，国内厂商将获得更多的市场空间，尤其是目前拥有自主研发 ARM 架构鲲鹏服务器芯片的华为，以及相应鲲鹏生态的产业链公司。

科技自主的必由之路

2020 年以来，中国信创产业已经逐步形成了自己的生态，在诸多关键点上有了重要突破。但因为底子薄弱、经验缺乏、标准不一，也出现了各种混乱、腐败和浪费，亟待冷静思考、深入变革。

在最核心的 CPU 芯片方面，中国采取了分散突围的策略，同时发展了多条路线。

头部的六大国产 CPU 厂商，分为三个方向，即：华为、飞腾代表的ARM体系，兆芯、海光代表的X86体系，龙芯、申威代表的自研体系。

ARM体系基础深厚，应用广泛，生态也非常成熟，但并非完全开放，需要有极强的把控能力；X86体系的性能和生态覆盖最佳，兼容性无可比拟，但在技术和发展上我们没有发言权，随时可能会被掐断；自研体系可以百分百将命运掌握在自己手里，但难度也是最大的，从开发到适配普及都需要一个极其漫长的过程。

三大方向各有优劣，鸡蛋不能放在一个篮子里。但不同芯片阵营各自为战，也使得生态适配耗时耗力、进展缓慢。

在广电运通看来，硬件ARM、软件Linux的组合，在当下乃至很长一段时间内都是国产化信创最佳技术的路线。

无论是诺基亚、得州仪器等传统巨头，还是高通、三星、华为、联发科等移动王者，抑或苹果、微软等行业龙头，无不在倾力投入ARM。从智能手机到工业嵌入式，ARM已是牢不可破的存在。从桌面到服务器，ARM也在逐步渗透深入。

在性能上，ARM与X86各有优势，但在移动领域ARM更胜一筹；在生态上，ARM没有历史拖累，又有Android、Linux两大成熟系统辅佐，应用丰富，适配难度低；在安全性上，ARM既有架构和指令集的底层授权可以长久发展，也有丰富的开源资源随时可用。

在系统和软件层面，Linux 系统开源开放，是面向 RISC 指令集硬件发展而来的，与 ARM 架构天然无缝衔接。无论是伴随移动智能设备壮大起来的 Android，还是丰富的国产 OS，本质上都是 Linux 发行版的不同分支。

虽然开源不等于绝对安全，但只要掌控得当、开发到位，仍然可以充分为我所用。

在基础芯片层面，广电运通以开放的心态选择与华为、飞腾等国内厂商合作，共同推动国产信创产业的发展。

近十年来，华为累计研发投入超 8450 亿元。欧盟最新统计榜单上，华为的研发投入已经高居全球第四，仅次于 Google、Meta(Facebook)、微软，已经超过了苹果、三星、Intel 等巨头。

在生态适配方面，华为既拥有自主研发的欧拉服务器操作系统，又在 Android 开发上具有丰富经验，还衍生出了自己的 HarmonyOS，应用设备已超过 4.7 亿台，实现了跨场景的分布式布局。

基于麒麟、盘古平台，华为适配软件超过 1 万款、硬件超过 1.9 万款，还有全国八大生态适配中心，可以充分满足信创办公需求，基本具备了替代 Windows 的能力。

中国的信创发展已经取得了一定成就，也证实了自主可控并非遥不可及。

从大芯片 CPU、GPU、FPGA、DSP，到数据库、中间件、

BMC，再到系统整机、信息系统集成，中国信创产业基本上满足了保密部门、关键部门的业务应用，部分模块的技术甚至接近欧美主流的技术水平。

2023 年，党政信创已经取得较大发展，行业信创正加速推进自主可控。信创国产化之路，注定艰难曲折，但我们别无选择。只有迈过去，以前所未有的韧劲、艰苦卓绝的努力，一步步走出自己的特色，才能将未来真正掌握在自己手中。

在有限的三五年内，政府和各大央企、国企、龙头企业，可以给予时间、资本扶持国产化。如果国产的芯片、操作系统、数据库、中间件、系统软件能迅速缩小同主流的软硬件巨头们的差距，达到其性能的七八成，就可以实现在互联网数据中心、金融的核心数据机房等关键场景的替代。

运营商在金融、教育、能源、交通领域需要更快地履行政策的需求。同时，数字化的建设也是未来企业和政府发展的重要选择，而中国政府指导下的数字化会更多地倾向国产化。届时，中国信创产业就能真正在市场上同美国科技框架下的厂商一较高下。

广电运通就是全面融入信创生态并取得了一定成绩的先行者之一。

合作华为　布局广电鲲鹏计算机

2018年，广电运通与华为签订战略合作协议，广电运通基于自有的城市安全计算平台系列产品，与华为联合攻关研发基于鲲鹏生态开发资源的"端—边—云"系列产品。

此时，数字化浪潮正在重塑世界经济格局，数字经济正在成为全球可持续增长的引擎，万物互联互通将成为常态。海量的应用、百亿级连接、无处不在的智能，对计算平台提出了"端边云协同、海量异构数据智能处理、实时分析"等新要求。

华为基于ARMv8架构永久授权，自主研发设计处理器内核、微架构和芯片，打造了"算、存、传、管、智"五个子系统的鲲鹏系列处理器芯片族，为产业界提供以鲲鹏系列处理器为核心的鲲鹏生态开发资源，无缝兼容移动应用的计算架构，全面支持数字经济时代需求。

2019年11月，广电运通携手华为，发布了覆盖社区级、区县级、城市级等不同应用规模的"端—边—云"三大产品解决方案——多场景无感通行系统、智慧园区平台、智慧警务平台，标志着广电运通共享优势生态、协同加速发展的业务战略取得了阶段性胜利。

至此，广电运通与华为基于鲲鹏生态开发资源的联合产品正式落地，为构建安全可信、高性能、低功耗、低延时的城市安全智能体奠定了基础。此后，广电运通聚焦"智能感知""物联汇聚""认知计算""场景应用"四大层级，构建了"1+4+N"的城市安全计算平台产品技术体系，联合华为鲲鹏生态资源，打造了灵活组合、随需调用的"端—边—云"全栈产品解决方案，为社区、区县、城市构建立体化城市安全防控体系。

2020年3月20日，广州无线电集团与华为签署合作协议，共建广州"鲲鹏＋昇腾"生态创新中心并开展硬件合作。广州无线电集团旗下的广电研究院将联合华为打造广州"鲲鹏＋昇腾"生态创新中心，构建"鲲鹏＋昇腾"行业解决方案。

广电运通旗下的广电五舟，作为华为在广东省重要的鲲鹏生态合作伙伴，推出基于华为"鲲鹏"主板的"广电鲲鹏"系列服务器和PC终端产品，并在多个行业应用。

基于华为"鲲鹏"和"昇腾"处理器，广电运通开始进行AIoT的战略算力布局。比如在服务器上叠加广电运通的AI大数据平台aiCore System，加速拓展和复制人工智能技术应用场景，在其已拥有广泛客户基础的政府、银行、公安、交通、财税及文化旅游等领域打造全栈式自主可控技术体系。

截至2023年6月，广电运通在鲲鹏＋昇腾的业务，已实现了金融、党政、安防、教育、医疗、交通等多行业的场景落地，为打造全国领先的计算产业集聚区、适配样板区、应用示范区提供了有力支撑。广电运通现任总经理李叶东认为，这是响应国家信创的发展战略，可以更好地满足政府、企业等日益增长的需求。

站在广州无线电集团的视角来看，促进鲲鹏产业健康成长有两个重要推动因素：一是在研发及应用推广方面，围绕"广电鲲鹏"战略布局，结合 AIoT 算力发展，快速开展主板研发、技术培训、适配认证，积极推进"广电鲲鹏"生态合作及市场推广。二是在生产制造方面，投资建设"广电鲲鹏"智能设备制造基地。该基地将承担起广电鲲鹏服务器整机量产的任务，为"广电鲲鹏"提供强大的产能支撑。

广电运通将秉承"优势互补、合作共赢"的原则，推进鲲鹏产业健康成长。未来，广州无线电集团、广电运通将秉承国家战略，与生态伙伴共建"鲲鹏+昇腾"计算产业生态，助力广州、广东乃至中国新一代信息技术产业的加速发展，为数字基建、产业链供应链的现代化贡献更大力量。

收购五舟科技　布局信创核心硬件

在携手华为这种大型平台型公司，获得技术领先的鲲鹏硬件、满足客户对 ARMv8 架构的需求之外，广电运通也在构建自己的信创服务器，满足客户对其他技术架构的需求。

相比云计算和大数据等应用，人工智能对计算力的需求几乎没有止境；随着场景的扩张、算法模型的复杂度和精度要求的提高，以及互联网和物联网产生的呈几何倍数增长的数据，算力成为制约当前人工智能产业发展的主要瓶颈。

算力，以芯片、服务器等硬件体系为核心。2017年以来，全球人工智能的算力仍以GPU芯片为主要硬件承载，但随着技术的不断迭代，ASIC、FPGA等计算单元类别将成为支撑中国人工智能技术发展的底层硬件。

随着底层芯片的演进，服务器也将呈现深层次开发、多样化设计的趋势。

Gartner的报告显示，2018年以来，全球服务器市场增长迅猛，60%增量来自云计算。服务器、存储和网络设备是云计算的底层核心设备，在数据中心的建设中，服务器存储占总体投资的65%~70%。

但是，传统的通用服务器已逐渐不能匹配云计算业务需求，云服务器正在快速地改变全球服务器市场结构，给服务器和存储市场带来了新的机遇。

转型人工智能后，广电运通有丰富的AI应用场景，有算法优势，也有介入数据环节的渠道，唯一匮乏的就是算力。大力补充算力，就需要服务器，且主要是可定制的云服务器。

在 ATM 等现金处理机具上，广电运通积累了深厚的硬件研发、生产制造的技术优势。但在人工智能领域，广电运通是从软件起步的，硬件如高性能服务器，尤其是定制服务器一直是一项空白。随着广电运通在人工智能领域不断深耕，广电运通急需在此布局。

自研还是收购，成为广电运通高层面临的路径选择问题。

考虑时间技术投入成本等诸多因素，广电运通决定直接从外部收购成熟的团队、成熟的技术。经过多方考察、反复筛选，广州五舟科技股份有限公司（下称"五舟科技"）成为广电运通的收购标的。

五舟科技是国内专业从事服务器行业定制的企业，也是广州本土的国产服务器品牌，于 2015 年挂牌新三板，是广东省 2020 年专精特新重点企业，拥有省市两级院士工作站及广东省国产服务器工程技术研究中心。

它在主板设计、整机开发与生产、供应链管理、服务等环节具备全过程能力和经验，在服务器的差异化定制、国产化和软硬一体化方面也拥有良好的业务基础，还建有张景中、廖湘科院士工作站，同时拥有年产超 10 万台（套）产品的生产基地。

从 2013 年开始，五舟科技就开始启动云计算转型升级战略，由硬件供应商向软硬件一体化解决方案商转型，由服务器硬件的差异化定制向云计算大数据软硬件一体化产品方案定制升级。与市场上的服务器与存储企业如 IBM、浪潮等不同，五舟科技一直专注于为细分行业客户提供私有云的软硬件产品和解决方案，做深做精行业。

五舟科技董事长谢高辉表示，"国产自主、软硬一体"是五舟科技的战略发展方向。五舟科技的服务器产品以 X86 架构服务器为主。X86 服务器以其开放的架构、最优的性价比、可快速扩展的兼容性，将逐步取代传统的 Unix 架构服务器的部分应用，是未来服务器市场的主流发展趋势，市场发展空间巨大。

同时，五舟科技也大力发展采用国产芯片的服务器和存储产品，先后推出基于龙芯、飞腾、申威等国产芯片的服务器产品和存储产品，同时自主研发的分布式存储软件也正在向国产平台移植，拥有完整的国产自主软硬件平台产品和方案。

2018 年，五舟国产自主可控产品入围中央国家机关政府集中采购供应商目录。

IT 系统自主可控是一项长期的国策，也是国家信息安全的一项基础。目前 IT 系统国产化替代和去 IOE 都取得了重要进展。国内品牌的 IT 系统产品与方案的市场占有率从原来的 50% 提升到了超过 65%，未来比重将进一步增大。

而且，信息技术应用创新正在从IT基础设施（芯片、操作系统、整机）逐渐向基础软件、行业应用解决方案等领域拓展，整机是行业面向客户的主要出口和关键环节之一。广电运通有较多的客户、场景和渠道资源，有利于整机产品快速进入全国多个领域与行业，从而做大业务规模、建立品牌形象。

很明显，广电运通与五舟科技有非常强的互补性。

对广电运通来说，收购五舟科技可以强化其软硬件一体化能力，有利于加快服务器、边缘计算机、终端智能处理器的研发与生产进度，加速算力板块的能力建设和战略布局。

2020年12月，广电运通与五舟科技在广州签订了投资协议，广电运通入主五舟科技成第一大股东，五舟科技更名为广电五舟。双方携手生态合作伙伴，致力打造一个具有完全中国知识产权的广州本土计算机品牌。

随后，广电五舟自主研发了广电鲲鹏服务器，全部采用华为芯片，保障品质。开放计算平台，支持业界主流软硬件，携手合作伙伴共赢计算新生态。自主研发的广电PC搭载多核架构的ARM处理器，根据需求可定制生产各类机型，其已经入围工信部信创采购目录。

整合核心技术 打造自主全栈方案

针对信创工作，广电运通走出了自己的特色之路——打造上下游的生态产业链。

经过3年多的努力，广电运通信创上下游生态产业链已经建立，企业间合作已经比较顺畅，适配验证工作涉及解决方案11个，各种适配验证产品511项，发放证书511个。

广电运通在信创领域已与50多家生态伙伴合作。通过互认证的产品类型有芯片、操作系统、数据库、中间件、信创云以及行业应用等：

国产软硬件适配环境清单

国产软硬件适配环境	芯片	鲲鹏、龙芯、飞腾、兆芯、海光
	操作系统	麒麟、统信、红旗
	数据库	达梦、人大金仓、瀚高、海量、优炫、巨杉、万里、MangoDB
	中间件	金蝶、东方通、中创、Kafka
	信创云	华为云、云宏、华云、腾讯云、麒麟信安、深信服、微云、安超云、云轴
	其他	广电台式计算机系列、华云"安超桌面云软件V1.2"、高新兴、五舟系列服务器、数字广东网络建设、华盛信泰、鼎甲数据

广电运通适配产品和解决方案共 11 个，采用应用解决方案共 3 家，涉及应用领域银行、金融、保险、电信、党政、交通、信息安全、医疗、教育，共计 137 家银行、9 家党政单位采用，样板点总数计 35 家，其中全渠道终端业务平台已在工商银行等 12 家银行实现了信创系统建设。

在取得上述成绩后，广电运通在信创方面工作重点围绕着两个方向：金融业务，计算和信创云服务业务。

金融信创打破渠道壁垒

广电运通的金融机具，从应用软件到整机产品和核心业务模块都完全自主研发，并充分联合生态圈上下游伙伴，导入国产操作系统和国产核心零部件，在软硬件架构体系上打造一套自主可控、安全可靠的全栈信创解决方案。搭载国产化模块和操作系统的金融设备在工商银行、中国银行、农业银行、建设银行、交通银行、浦发银行、邮储银行、农信等 137 家银行 6000 多台设备进行测试或上线。

为了满足银行对工控机平台的要求，广电运通在智能终端国产化工控机自主研发中，采用了鲲鹏、飞腾、兆芯和龙芯等 CPU，支持麒麟和统信操作系统。自主研发了金融机具中核心模块：机芯、票据发放/接收模块、EPP 键盘、电动读卡器、护照阅读器、吸入式身份证阅读器、加密触摸屏、非接/身份证二合一阅读器、双目摄像头、人脸追踪模块、发卡模块、发 key 模块、硬币卷发放模块、硬币发放/循环模块、凭条/流水打印机等。在元器件级别的国产化替代方面：存取款机芯、加密键盘、读卡器和票据处理模块四大类核心模块元器件国产化率已经达 95% 以上，并已经在赛宝实验室做了相关国产化率的认证；其他各模块的 MCU 实现 100% 的国产化替代。

全渠道接入与运营管理平台是一套采用分布式、微服务技术开发的跨操作系统软件平台。它打破渠道壁垒，支持对各类终端设备、平板设备，柜面等全渠道接入，打通线上线下业务。以数字化运营为目标，实现渠道的互联互通、数据共享、服务联动和统一管理。基于平台开发的业务代码，可以在 Windows、Linux 和 Android 多系统之间无缝迁移，实现了对操作系统透明无感的业务运行。

全渠道终端业务平台从整机层、前端应用层到后台服务层，都实现了国产化改造和适配。已应用于工商银行、农业银行、中国银行、交通银行、中信银行、广发银行、上海银行、中原银行、廊坊银行、青海银行、雅安商行、西安银行、北京农商行、香港中银、新加坡中行、渣打银行、DBS 等几十家国内外银行。

广电运通的自动柜员机/智慧柜员机/大额现金存取款机/全渠道业务统一平台/数字化运营平台等解决方案通过人行下属的金融信创生态实验室的适配测试验证,在全国各大银行推广。广电运通在网点金融信创全栈解决方案已经成熟的基础上,会继续产品的优化迭代,加强培训和市场推广工作,继续推进网点金融信创全栈解决方案在更多的银行实现迁移,实现广电运通全栈信创解决方案大批量以及大范围应用落地。

广电运通的金融解决方案在省市联盟获得肯定:获得广州市信创联盟"优秀行业实践奖",获得广东省信创联盟"优秀产品及解决方案""先进单位"。

构建安全自主可靠云服务

广电运通围绕"三云一中心"开展自主研发,构建安全自主可靠的全栈云平台产品,推进新一代高可用云数据中心和算力中心建设,坚持自主可控的技术路线,不断强化云计算能力,为客户提供全方位、全生态、高可用的信创云服务。其中,芯片异构支持鲲鹏、飞腾、龙芯三种芯片异构纳管,是目前已落地的支持国产芯片最多的政务云平台。

广电运通推出了以"一云多芯,多云纳管"为中心思路的自主研发信创云平台，整合了操作系统、硬件、数据库、中间件、安全、云平台、应用软件等信创上下游生态资源，首次在市国资国企云发布上线应用，是信创生态圈各层级伙伴有效联动的重要项目。广电运通信创云解决方案已进行全线推广，优先渗入党政领域，陆续承接广州市政务信创云、公安信创云等重大政府信创项目并落地，助力并推进广州市政府及国资企业的数字化转型。

广州市人工智能公共算力中心采用了广电运通的算法能力，广电运通算法能力已经实现了从传统的单一"钞票识别"向"多模态身份识别"跃升。未来，公司将推动算法技术及产品的迭代和升级，在掌握图像识别、生物特征识别、人群密度检测、异常行为识别、车辆结构化、工业视觉检测等多种算法的基础上，持续跟踪全球最前沿的自然语言理解与处理的新算法，力争在计算机听觉核心算法方面有重大发展。

参与多项标准制定

三流企业卖产品，二流企业卖服务，一流企业卖标准。

广电运通非常注重参与行业标准的制定，积极参与了由人民银行组织的金融信创生态实验室体系建设：参与完成《金融信息技术创新生态实验室1+O体系试点工作方案》编写；参与完成编写《1+O运行管理制度》以及相关的二级、三级管理文件等7项制度，6项标准规范、16项程序文件、5项作业指导书、46个表格模板；参与完成PISA技术攻关和PISA接口规范的编写；参与完成《金融机具（自助服务终端）适配检验规范》编写；参与金融信创实验室组织的金融机具信创方案的培训工作，在全行推广。

与此同时，广电运通在积极申请筹建金融信创生态实验室资质，希望成为金融信创生态实验室的分支机构。此外，广电运通的三款金融机具及全渠道应用软件iBank4.0，数字化运营平台获得人民银行金融信创生态实验室的测试认证报告。广电运通的自动柜员机也在工信部电子五所完成了国产化的测试。

广电运通还配合工信部电子五所编制信创团体的4项标准，目前已完成《信创政务应用服务保障标准规范 总则》《信创政务应用服务保障标准规范 产品质量规范》《信创政务应用服务保障标准规范 服务质量规范》《信创政务应用服务保障标准规范 信息化支撑平台建设要求》标准的编制。

护航大湾区数字化安全发展

在"信创"背景下，广电运通还有一个链条没有补齐，那就是网络安全。

围绕党政、国企安全运营需求，2022 年 1 月，广电运通与奇安信（北京）网络科技有限公司等公司共同出资设立了广东运通奇安科技有限公司，率先推动广州市网络安全建设，护航粤港澳大湾区的数字化安全发展。

在金融领域，安全的核心任务，就是建立一套健全、自主安全的金融信息网络、拥有安全可控的金融自助设备。人民银行牵头组织了信息技术国产化应用试点工作，针对办公管理系统、终端机具、一般业务系统和关键业务系统四个领域提出具体的指标要求。

广电运通积极响应国家信创要求，积极推动数字安全技术新发展，除通过自研推动关键技术突破外，还通过收购、合作等方式持续引入产业链关键环节上的核心企业。如今，广电运通信创生态链累计已与超 100 家合作伙伴达成了合作。

在承接银行软硬件的"信创升级"过程中，广电运通发现，终端操作系统往往使用 Windows 操作系统，导致终端应用软件不支持国产操作系统，难以进行国产化部署。

为此，广电运通开发了 iBank4.0 系统，借助统一的外设驱动访问接口、前端展示框架和联机交易服务集群，统一了网点内全渠道各种自助设备的软件系统，避免了相似业务在不同设备软件系统上的重复开发，减轻了银行科技部管理软件系统的压力。

在金融支付行业自助终端设备领域和支付系统平台领域，广电运通开发了 eCAT 系列自助终端软件产品，为客户提供查询、转账、取款、改密、存款等金融自助终端服务。eCAT 系列软件产品推出以来，已经在国内外多家银行成功应用，为金融机构的渠道建设提供了坚实基础和广阔的平台。

截至 2023 年 6 月，广电运通已形成模块、整机、软件、适配服务、信创云和服务等六大业务体系，围绕"金融＋场景"，在软硬件架构体系上，打造了一套自主可控、安全可靠、具备金融行业领先和全栈金融服务能力的方案。

第五章
人类第四次迁徙与数据要素

数字经济时代已然开启，数字化转型已然成为人类社会发展的必然选择，数据作为数字经济的关键生产要素，其赋值、赋能、效用和价值的发挥，对于人类社会经济发展具有重要意义。发展数字经济的核心就是在万物数字化、数据化的基础之上，充分挖掘释放隐藏在数据中的价值。

——中国科学院院士　梅宏

创新是改变经济结构的"创造性破坏过程"。经济创新不断地从内部使这个经济结构革命化，不断地破坏旧结构，不断地创造新结构。

——哈佛大学教授　约瑟夫·熊彼特

数字经济时代，我们正从工业社会向信息社会发展，从物理空间向数字空间迁徙，人类社会形成了以数据为新型生产要素的数字经济，数字经济以现代信息网络为主要载体，以新一代信息通信技术融合应用、全要素数字化转型为重要推动力，以区块链作为技术手段调节生产关系和分配方式，人类社会财富以指数级方式增长。

黄跃珍认为，在数据的资产价值日益被认可、被重视的背景下，IT建设就从单纯的投入，变成了一种投资。这意味着，IT投入不再是单项支出，而是可能带来巨大回报的投资。这种投资从数据资产变现环节实现回报，一旦这种回报足够高，前端的IT建设投入基本上就不用花钱，甚至还可以赚钱。

在以数据为核心的产业链条里，广电运通还布局了数字化平台建设、数字经济投资，参与了数据资产交易等，最终成功从传统纸质钞票服务产业链转型为相对完整的数据服务产业链。

全球著名新经济学家、"数字经济之父"唐·塔普斯科特在他的专著《数字经济》中指出，随着技术发展，数字经济已经开启了全新的时代；人工智能、物联网、智能化和元宇宙等技术，正在让数字经济跨越虚拟与实体的界限。

《数字经济》最早提出了"数字经济"概念，该书认为我们经历了数字化的第一代，包括很多电脑、互联网、网络社会媒体、社交媒体、大数据以及云媒体，现在已经迎来了第二代数字化浪潮，数字经济已经成为经济本身、经济本体，不会再区分什么叫作数字化和虚拟经济，数字经济就是经济本身。

唐·塔普斯科特认为数字化变革最初发生在美国加州，但第二次数字化变革可能发生在世界任何地方，并极有可能发生在中国。中国作为制造业大国，拥有丰富的应用场景，有望通过数字化赋能来优化供应链，进而对传统制造业进行彻底改变。

党的十八大以来，党中央高度重视发展数字经济，将其上升为国家战略。习近平总书记指出，数字经济发展速度之快、辐射范围之广、影响程度之深前所未有，正在成为重组全球要素资源、重塑全球经济结构、改变全球竞争格局的关键力量。

据统计，我国数字经济规模从 2017 年的 27.2 万亿元增长至 2022 年的 50.2 万亿元，占全国 GDP 的比重从近三分之一增加至超过四成，对经济社会发展的引领支撑作用日益凸显。2022 年，我国数字经济核心产业增加值占国内生产总值的比重达到 7.8%，我国数字经济总体规模连续多年稳居世界第二。2023 年我国数字经济规模预计将达 54.6 万亿元。根据 2035 年远景目标，至 2025 年我国数字经济核心产业增加值预计将占 GDP 比重 10%。

数字经济的蓬勃发展，意味着人类正在从物理空间迁徙到数字空间。

人类的"第四次迁徙"

人类社会自诞生以来，经历了四次迁徙、二次地理大发现。其中，第一次大迁徙发生在史前，人类先祖从非洲热带迁徙到更适合生存的温带；第二次大迁徙发生在近代，人类从非洲、亚洲迁徙到欧美；第三次大迁徙发生在现代，人类从贫穷的乡村迁徙到富裕的城市；第四次迁徙伴随着从工业社会向信息社会的发展，人类正在从物理空间迁徙到数字空间。

第一次地理大发现是哥伦布、麦哲伦等人为了重新找到通往亚洲的贸易之路，无意间发现了美洲新大陆，大大拓宽了人类社会的物理空间，为欧洲大陆带来了无尽的财富。新地理大发现是发现了人类社会的数字空间，数字化的发展规律遵循摩尔定律，发展速度遵循指数级增长，发展效率遵循零边际成本，在数字空间里，人类社会的财富增加值将会是物理空间的十倍或者几十倍。

数字经济以数据资源为生产资料，以现代信息网络为主要载体，以新一代信息通信技术融合应用、全要素数字化转型为重要推动力，以区块链作为技术手段调节生产关系和分配方式。

从全球来看，数字经济活动起源于20世纪50年代，大致经历了四个阶段。从20世纪50年代开始到1994年为技术准备阶段。IBM个人计算机、微软操作系统等的出现，为数字经济提供了技术，数字服务领域开始萌芽包括银行计算机数据服务、光纤构建骨干网等技术，奠定了互联网的雏形。

1994年，中国正式接入国际互联网，进入互联网时代。以互联网行业崛起为显著特征，伴随互联网用户数量的高速增长，三大门户网站新浪、搜狐、网易先后创立，阿里巴巴、京东等电子商务网站进入初创阶段，百度、腾讯等搜索引擎和社交媒体得到空前发展。这一阶段，中国数字经济的商业模式较单一，以新闻门户、邮箱业务、搜索引擎为代表，增值服务以信息传播和获取为中心。萌芽期初创企业模仿国外成功商业模式的现象极为普遍，技术创新尚未得到足够重视，流量争夺和用户积累是竞争的核心内容。

经历短暂的低迷阶段后，中国数字经济于2003年至2012年步入高速增长期。随着互联网用户数量持续保持两位数增长，以网络零售为代表的电子商务首先发力,带动数字经济由萌芽期进入新的发展阶段。2003年上半年,阿里巴巴推出个人电子商务网站"淘宝网",以成功的本土化商业模式迫使eBay退出中国市场,并在此后发展为全球最大的C2C电子商务平台;2003年下半年,阿里巴巴推出的支付宝业务,则逐渐成为第三方支付领域的龙头。同时,新兴业态不断涌现,"博客""微博"等自媒体平台的出现,使网民个体能够对社会经济产生前所未有的深刻影响;社交网络服务(Social Networking Site,SNS)的普及,使人际联络方式发生重大变革,社交网络与社交关系间形成了紧密联系。

2012年,中国网民数量增速下降至9.92%,结束了近十年两位数增长的态势。到2012年底,中国手机网民规模达到4.2亿,使用手机上网的网民首次超过台式电脑,表明中国数字经济发展进入新阶段。

自手机网民数量规模化以来,互联网行业迎来移动端时代,中国数字经济的基本格局已经形成,并迈入成熟期。以信息互通为基础,智能手机全面连接起人类的线上和线下生活,并且产生了深远的双向影响。

在成熟阶段,数字经济业态主要有两大特征。第一,传统行业互联网化。以网络零售为基础,生活服务的各个方面几乎都在向线上转移,诞生了滴滴打车、饿了么、美团外卖、拼多多等电商平台。第二，基于互联网的模式创新不断涌现。以摩拜、ofo 为代表的共享出行业态，突破了原有共享单车的"有桩"模式，通过以模式创新为核心，为中国数字经济注入了新活力。随着 4G、5G 网络的出现和发展，出现了网络直播模式如抖音、快手等，直播经济真正成为一种强有力的变现模式。

总体而言，中国数字经济的主要商业模式经历了一段较长时间的演变，从信息传播到电子商务，从网络服务到智能决策，新模式和新企业不断涌现，商业模式重心向用户端倾斜，技术成为行业核心的驱动力，但争夺流量和扩大用户规模仍然是商业模式成功的关键要素。

数字经济无所不在的今天，数据的重要性越来越受到政府与企业界的重视。

数据成新型生产要素

生产力是人类社会发展的决定力量，每一次社会经济形态变革，都伴随新的生产要素出现，并带动社会生产力跃升。

在农业社会，土地和劳动是基本生产要素；工业社会，资本、管理、技术、知识等成为主要生产要素；信息社会，数据成为新型生产要素，对生产、流通、分配、消费活动和经济运行机制、社会生活方式、国家治理模式等产生重要影响。我国是世界第一人口大国和世界第二大经济体，拥有海量数据资源和丰富应用场景优势，已成为数字经济引领全球数字经济创新的重要策源地。

2020年4月，中共中央、国务院印发的《关于构建更加完善的要素市场化配置体制机制的意见》，首次将数据与土地、劳动力、资本、技术等要素一道列为市场化配置的重点。

党的十九届四中全会《决定》增列"数据"作为生产要素。《人民日报》也指出，数据作为新型生产要素，对生产方式变革具有重大影响，带来新的发展动能。如，以数据为关键要素推进数字产业化和产业数字化，推动数字技术与实体经济深度融合，能够为经济社会健康发展提供持续动力；充分利用海量数据要素，大力发展数字产品制造业、数字产品服务业、数字技术应用业、数字要素驱动业等，能够为经济发展培育新的增长点；将数据要素与其他生产要素有机结合，能够提升其他生产要素的匹配效率、激发其他生产要素的创新活力，进而提高生产质量和效益，推动国民经济质量和水平实现整体跃升等。

随着经济活动数字化转型加快，数据对提高生产效率的作用日益凸显。"数据要素"已快速融入生产、分配、消费和社会服务等各个环节，深刻改变着人们的生产生活和社会治理方式，成为推动经济发展的核心引擎。

充分利用优势，发掘和释放数据要素价值、激活数据要素潜能，促进数字技术和实体经济深度融合，赋能传统产业转型升级，催生新产业、新业态、新模式，不断做强做优做大我国数字经济，有利于抓住先机、抢占未来发展制高点，构筑国家竞争新优势。

清华大学经济学研究所所长汤珂教授认为："数据是数字经济发展的血液。"根据相关统计，2022年，我国数字经济占GDP比重已高达40.1%，从2015年到2022年的复合增长率达到16.1%，高于GDP增速。数据对经济的贡献已经与土地、劳动力、资本、技术四大要素同等重要。

数据成为生产要素后，"十四五"规划、《2035年远景目标纲要》等也都将其作为重要元素，市场随之变得更为活跃。《数字中国建设整体布局规划》更与数据要素紧密相关，提出"到2025年，数字中国建设取得重要进展，数据资源规模和质量加快提升，数据要素价值有效释放"。

很多平台型的互联网公司在开展业务的同时，也在收集数据。而广电运通aiCore System类似于SAP，目前广电运通主要服务的客户是银行和政府，广电运通在开展业务的同时，也在帮客户积累数据、处理数据、挖掘客户的数据价值。在上述过程中，数据始终是客户的。广电运通的定位就是帮客户进行数据治理，在这一过程中实现自己的商业价值。

一旦承认数据资产的价值，传统意义上的IT建设就开始发生质的变化了。

从IT运维到数据运营

信息时代到来以后，很多企业开始进行信息化，也就是建设自己的IT系统。但那个时候，大家对信息化、IT系统的认知基本处于代替纸质办公用品这样非常浅层的阶段。

当时有一种说法是，信息化不得不上，但上信息化是找死，不上信息化就是等死。因为当时进行信息化建设是要花费一大笔钱的，要购置电脑等设备，要开发相应的软件，还要有人负责运营维护，这的确是不小的开支。在那个时代，信息化基本上是一种单纯的投入，除了可以感受到对工作效率的提升等好处，信息化本身很难产生直接的产出。

但是，当大家认识到数据资产的价值之后，再进行信息化建设，其意义就会发生本质变化。传统信息化，是一种单纯的投入，而数据资产的价值被认可之后，信息化就成为一种投资。随着信息化的深入、数字技术日益普及，将陆续产生大量数据，这些数据积累得越多、时间越长，数据处理的技术日益先进，数据的价值越大。

于是，信息化的投入就变成了一种可以回收甚至可以大规模盈利的行为，这就成为一种投资。以后客户上数字化平台，可能就不需要钱了，可以通过数据交易获得更高收益。

从事IT行业近30年的黄跃珍，15年前就有了上述预测。不过，当时数字产业还在萌芽和发展的初期，社会上对信息化的目的和作用还普遍不是很了解。其实直到今天，国内还有很多机构没能认识到数据的巨大价值潜力。

一贯善于进行前瞻性布局的广电运通，对数字经济的研究非常深入，对数据资产的价值认知也非常到位。这是广电运通2017年毅然决然地转型到AI产业的另一个动机。

数据资产固然非常重要，但如果无法共享，就很难发挥更大作用，体现其真正的价值。要想发挥数据资产的价值，就必须实现数据资产的交易、交换。

由于在数据确权、价值挖掘和分配、跨产业链治理、数据交易等诸多层面缺乏规范，数据要素市场并不健全，距离爆发仍有不短距离，国内的数据流通和要素市场被称为"黑暗丛林"。

在数据成为第五种生产要素后，改变正在加速发生。

广州数交所促进数据流转

随着我国数字经济规模的不断扩张，数据交易将成为挖掘数据价值的重要驱动力。2022年开始，国家层面提出，要大力推进数据资源化、要素化、市场化发展，充分发挥市场在资源配置中的决定性作用，确保数据资源优化配置到生产实践中。

2022年1月，人民银行印发的《金融科技发展规划（2022—2025年）》提出"全面加强数据能力建设，推动数据有序共享与综合应用，有力提升金融服务质效"。这充分说明，国家已经非常重视数据的共享与综合应用。

2022年全国两会政府工作报告指出，要完善数字经济治理，释放数据要素潜力，更好赋能经济发展、丰富人民生活。其中提到，强化高质量数据要素供给。支持市场主体依法合规开展数据采集，提升数据资源处理能力，培育壮大数据服务产业。推动数据资源标准体系建设，加快推动各领域通信协议兼容统一，打破技术和协议壁垒，努力实现互通互操作。推动基础公共数据安全有序开放，提升公共数据开放水平，释放数据红利。

2022年全国两会政府工作报告还提出加快数据要素市场化流通。加快构建数据要素市场规则，培育市场主体、完善治理体系，促进数据要素市场流通。探索数据资产定价机制，推动形成数据资产目录，逐步完善数据定价体系。

此外，鼓励市场力量挖掘商业数据价值，推动数据价值产品化、服务化，大力发展专业化、个性化数据服务，促进数据、技术、场景深度融合，满足各领域数据需求。通过数据开放、特许开发、授权应用等方式，推进政务数据和公共数据依法、有序、规范加工利用。结合新型智慧城市建设，加快城市数据融合及产业生态培育，提升城市数据运营和开发利用水平。

2015年，国内首家数据交易所贵阳大数据交易所挂牌成立。

2021年11月，工信部印发《"十四五"大数据产业发展规划》，提出培育大数据交易市场，鼓励各类所有制企业参与要素交易平台建设，探索多种形式的数据交易模式。

近年来，随着数据要素市场化配置进一步上升为国家战略，各地抢抓契机，积极布局数据交易场所建设工作。当前，国内各大城市正在大力推进数据交易所（中心）的建设，抢占数据要素市场发展高地，贵阳、上海、北京、湖南和陕西等省市均设立了"交易所"，已设立的地方数据交易场所达20多家。

2022年1月，广东省政协委员黄跃珍向广东省两会提交了《关于省市联动以更大力度支持广州数字经济高质量发展的建议》，建议省市联动支持广州建设数据交易所，加快推动数字经济融合发展。

后来任广州数交所总经理的魏东认为,将数据通过专门的机构进行交易是一个非常值得探索、非常有前景的事情。数据要素交易市场一般分为两个层级——对于公共数据要素的交易,可以由政府主导的机构进行,在合规的前提下释放公共数据的价值。政府掌握了大量关乎国计民生的数据,如一个人从出生到死亡的所有数据。公共数据似乎没有直接价值,但可以提升其他要素的倍增效益,如改进技术,关键是要将数据价值充分释放。公众数据要素交易市场可以被看作一级市场。而由供需关系决定的二级市场则可以按照市场化的原则,由商业机构运营。

一直以来,广东省高度重视数据要素市场建设。

2021年7月,《广东省数据要素市场化配置改革行动方案》提出加快数据交易场所及配套机构建设。

2022年2月,《广东省数字政府改革建设2022年工作要点》提出全面推进数据要素市场化配置改革,进一步健全公共数据管理和运营体系,完善数据交易流通平台和机制;依托现有交易场所建设省数据交易场所,搭建数据交易平台。

为做好广东省数据交易的实施工作,依据《广东省数据要素市场化配置改革行动方案》《广东省数字政府改革建设2022年工作要点》等文件要求,由广东省、市、区三级国有企业共同组建了广东省级数据交易所,并命名为"广州数据交易所"。

2022年9月30日，广州数据交易所在广州市南沙区正式挂牌，标志着广东省级数据交易机构成立运营。广州数据交易所围绕数据产品、数据服务、数据能力和数字资产四大类交易标的，为市场主体提供数据资产登记、信息披露、交易组织、交易结算、数据交付、数据托管、数据保险、人才培训等服务。广州数据交易所致力于成为一家具有广州国资特色的数据交易专业服务公司，探索数据流转产生的经济价值。

广电运通积极参与组建了广州数据交易所有限公司（简称"广数所"）。广数所股东包括广东省交易控股集团有限公司（23%）、广州交易集团有限公司（20%）、广州广电运通金融电子股份有限公司（10.5%）、广州地铁集团有限公司（10%）、数字广东网络建设有限公司（10%）、佛山市金融投资控股有限公司（10%）、广州南沙智慧城市大数据有限公司（8%）、广州市公共交通集团有限公司（5%）等10家省、市、区属国企。

参与本次投资是广电运通拓展数据资产业务的重要举措，以股权为纽带切入万亿级的数据交易市场，利用自身技术积累并借助广州市的庞大数字经济市场打造大数据交易中心，抢占行业先发优势。

广州数据交易所的股东显然是精挑细选过的。

广州交易集团具有丰富的数据资源，旗下"广交易"积累了工程、采购、药品等领域的海量交易数据，建成行业内首个公共资源交易区块链平台，吸纳全国80多个地市公共资源交易平台加入，聚集上下游企业超过10万家。

数据交易将成为挖掘数据价值的重要驱动力，通过数据资源的有效利用以及开放的数据生态体系，使得数字价值被充分释放，并驱动传统产业的数字化转型升级和新业态的培育发展。

作为广州数据交易所的创始股东，广电运通拥有天然优势。广电运通是广州数据交易所最大的产业投资方，拥有多维度产业数据资源。广电运通还是唯一一家拥有强大数据处理能力的创始股东。从技术层面说，广电运通是广州数据交易所将数据实现商业变现的重要技术支撑。

对于广电运通来说，发起成立广州数据交易所是广电运通作为国有上市公司肩负的责任。广东省、广州市都高度重视数字经济的发展，也积累了海量数据，但如果这些数据不进行处理，不进行交易，就无法实现其商业价值，更无法发挥其间接作用，这就是巨大的浪费。

国内其他城市早些年就成立了当地的数据交易所，而广州作为一线城市、省会城市，一直没有这样一家数据交易机构，在城市竞争力上是一大弱点，在数字产业链布局上是一大缺失，在数据要素市场化上是一大空白。

对数字经济有着深刻认知，对数据要素市场化有着深刻理解的广电运通敏感地认识到了上述问题，积极地发起成立广州数据交易所。这是广电运通在数字经济上的专业表现，是广电运通作为广州市二级国有上市公司的责任所在，是广电运通在数字经济产业链条上的优势所在。

当然，从商业的角度来说，广电运通发起成立广州数据交易所，也有自己的打算——广电运通自己就拥有多维度的产业数据资源，这些数据要素本身也需要进行市场化交易，需要一个便捷的交易场所，广州拥有了本地的数据交易所，广电运通就可以在家门口进行数据要素的市场化运营，省时省力。

此外，数据要素在进行交易之前，都要对原始数据进行整理、清洗、转换、分析和可视化等很多环节的处理。而广电运通拥有强大的数据处理能力和丰富的数据处理经验，可以承接大量交易客户的上述数据处理业务。随着交易客户日益增多，广电运通在数据处理方面的收益也将日益增加。可以说，广电运通又找到了一个新的业务增长点。

参股广州数据交易所，是基于广电运通对数字经济前景非常看好。在广电运通看来，数据是关键生产要素，广州数据交易所可以打破"信息孤岛"，实现数据确权和分类分级管理、畅通数据交易流动、实现数据要素市场化配置、合理分配数据要素收益，可以促进数据要素价值转化与增值，建好数据交易的技术基础设施。

成立以来，广州数据交易所以推动数据要素安全流通和融合创新为使命，致力于打造国内领先的集登记、交易、应用和服务于一体的数据交易全生命周期新型基础设施，积极引导数据产品进场交易，构建两级数据要素市场。

广州数据交易所借助基地的本地化资源，聚集特色优势产业，调集数据经纪人、数据服务商和第三方服务机构等优势生态力量，合力打造行业标志性应用成果，构建具有区域辨识度的数据交易产业链服务集群。同时，基地可以赋能各地市产业，融合地市数商能力，加快推进数据产品研发和上架，推动全省各地市产业经济向数字化、智慧化转型升级。

针对数据流通的全链路业务，广州数据交易所提出以"底座＋赋能"为核心的数据流通新模式，加快数据要素流通交易的基础设施规划布局，建设新型数据要素流通交易平台，统筹谋划开放式创新生态底座平台、跨平台的隐私安全赋能平台、全流程数据工程赋能平台、一站式人工智能开发赋能平台等四大平台，进一步探索数据安全存储、授权鉴权、存证验证、封存销毁、可信传输、追踪溯源、联合建模、算法核查、融合分析等创新技术，完善数据安全技术体系，建设区域高速互联、智能高效的算力及数据资源协同调度体系，提供低成本、高效率、可信赖的数据流通环境。

交换、交易是数据共享的重要途径。数据交易目前有一个难点是确权，因为国家还没有出台有关法规，但这并不影响数据的流通和交易。据悉，广东省正在组建数据合规机构，对认证后的数据资产颁发数据合规凭证，然后进入市场交易，因此只要有合规凭证、有明确的价格等就可以交易。

广电运通一直在做广州城市大脑项目及其数据运营，已经积累了100亿条数据，除了满足运营需要，还要深挖这些数据背后更多的商业价值。比如，可以与银行、保险公司等机构合作，通过大数据评估贷款人的信用等级，分析参保人员是否有过往病史等；还可以建立数据模型，通过数据喂养应用到其他行业。

以数据为核心的产业链条涵盖了数字技术底座、应用技术研发、数字化平台建设、场景落地、数据生成、数据清洗与脱敏、智能化分析等处理，数据资产交易、应用等主要环节。此前，广电运通已经布局了除数据交易之外的众多环节，而此次参与广州数交所的筹建、运营，进一步完善了广电运通以数据为核心的产业链条。

从广州市区域及产业经济发展的角度看，广州数据交易所的成立，是广东省贯彻落实党中央、国务院关于发展数字经济战略部署，加快培育统一数据要素市场的重要举措，也是贯彻落实国务院关于《广州南沙深化面向世界的粤港澳全面合作总体方案》的生动实践，为全省深入推动数据要素市场化配置改革再开新局。

从区域经济的角度看，广州数据交易所的落地，还有更深层的意义。

为了更好地运营数据资产，上海成立了数据集团，将整个市级层级的需求集约起来，这实际上是将市级机构产生的所有数据资产打包给了数据集团，由数据集团统一运营。这是地方政府进行官方数据运营的一种思路。而广东属于偏市场化的思路，很难走集中运营的方式。广州数据交易所可以从交易的角度，对数据交易规则进行规范。

从产业的角度看，广州在交易所这个业态里一直没有太大的建树。在数字时代，广州数字交易所的落地，或许可以改写广州在交易所业态的落后局面。

跨产业链数据治理成为新焦点

我国的数据要素市场尚在发展中,还有大量的标准和规则需补齐和完善。在让数据能够真正发挥生产要素作用的道路上,数据治理,尤其是跨产业链数据治理正在成为大家关注的新焦点。

但跨产业链的数据治理其实仍存在不少难题。

一是《数据安全法》出台后,在实操中遇到非常多的问题。比如数据确权和流转,大家还缺乏明确样例。广电运通曾碰到基建设计单位,设计时用到了高精度地理信息数据,这些要当作敏感数据去管理。而整个设计、施工过程是电子化流转的,这些机构遇到了施工中数据要如何安全流转的问题。

二是数据质量问题。数据来源五花八门,有效性和准确性不足,即便治理之后,跟银行的一些风控模型进行匹配时,依然会存在问题。

三是数联网(Data Network)的标准问题,如医药新零售企业。某个药品到底属于口腔科、牙科,还是呼吸科,行业内没有统一标准。所以大家在输入时就比较随意,最后导致不同存储平台里的数据维度完全不一样,为后续使用造成障碍。

四是数据治理的工程化问题。数据治理是一个庞杂的过程,除了工具,还要有经验提炼、标准、流程和运营机制。这是一个系统化、工程化的事，并不容易。

尽管存在不少问题，甚至还有一些企业内部数据都尚未打通，但也有部分龙头企业已迈进跨产业链数据落地实践阶段。典型如央国企，最近几年都在深化链长制建设，以期打通整个产业链。一些地方大数据局，则把当地医疗、教育、出行、能源、电力等社会数据逐步打通，政府部门在惠民和产业布局中先用起来。而在供应链金融、营销、风控等领域，已落地跨产业链数据应用。

2023年3月10日，国家数据局成立，国家从顶层设计层面推动数据要素市场的完善和提速，数据要素市场迎来巨大变动。这相当于1992年证监会的成立对证券市场的影响，市场将进一步规范与健全。同时，一些企业也正在从跨链治理和流通及行业性底座层面开始探索。

国家数据局将负责协调推进数据基础制度建设，统筹数据资源整合共享和开发利用，统筹推进数字中国、数字经济、数字社会规划和建设等。国家数据局的成立，将推动数据交易加速，推进数据估值，让数据真正成为资产。在企业侧，目前已有企业提出数据像厂房、机器设备、商誉等一样，作为资产出现在三大报表中。

此前，因数据黑产（业内对非法的数据收集、交易、使用的简称——编者注）问题频发，国家陆续出台了《个人信息保护法》《数据安全法》，但更多集中在数据的安全、保护方面。2020年4月，"数据"首次在国务院印发的相关文件中被列为第五大生产要素，之后对其应用实践增多。

数据要素在过去几年的产业实践中遇到了不少问题，核心瓶颈是基础制度缺失，如产权制度、流通交易制度、收益分配制度、跨产业链治理制度、安全治理制度等，导致数据要素市场没有真正发展起来。国家数据局成立，更有助于去厘清并解决这些问题。

作为下一轮增长的引擎和重要动力，数据生产要素要发挥更大作用，必须形成自上而下的组织和制度，从组织层面解决数据汇聚、数据质量问题，从制度层面解决数据共享、数据开放以及数据交易问题。

数据交易所层面，成立一年多的上海数据交易所，数据产品累计挂牌数近千个，交易额超1亿元，且预计场内交易有望突破10亿元。广州数据交易所已发布80多个行业数据指数，这些行业数据指数对企业的运营非常重要。2022年9月30日挂牌运营后，广州数据交易所不到4个月内就累计交易5.07亿元。

近年来，国务院国资委已推动相关课题，其一是如何打造相对通用的数字技术底座，其二是推动国企、央企沉淀数据资产，为行业数据交易奠定基础。

2022年12月25日，中国电子组建国内首家由中央企业设立的数据产业集团，定义了"数据元件"，尝试解决确权、交易、收益分配和安全治理问题。

ChatGPT的"横空出世"也给行业带来了新思路，一些企业及政府机构开始思考甚至尝试在一些场景里嵌入相关技术。一些地方政府受大模型启发，正在从整体经济市场，包括ESG环境能源，配套支撑体系来思考——引入什么经济，最有利于本区域产业聚合。

随着数据要素相关质量、合规标准等的逐渐完善，或将带动数据从企业内治理，向跨产业链治理方向迈进，进而推动整个数据要素市场发挥价值。

资本助力数字产业建圈强链

多年来，广电运通在金融科技领域精耕细作，以资本为纽带，不断完善金融科技产业布局，加速数字经济产业版图扩张，立足金融客户数字化转型需求，在金融信创、场景金融、数字人民币等领域培育新的业务增长点。结合多年金融科技行业经验，从投资设立运通奇安切入信息安全赛道，到出资设立广电数投作为公司数字化投资平台积极推进创新智慧城市业务模式、参与组建广州数据交易所切入数据交易市场，再到收购中金支付控股权获得互联网支付牌照等，广电运通在数字经济产业链上的布局日趋完善。

企业征信对于社会经济发展至关重要，在企业信贷、商业账款管理、资本市场投融资到海外贸易等商业领域，企业征信服务和企业之间每一笔B2B商业交易都有联系。企业征信还对整个社会及宏观经济有外溢的促进作用，帮助建设实体经济、实现普惠金融，有利于中国企业走出去，打造良好的营商环境，方便商业流通和出口等。

国家市场监管总局统计显示，截至2023年1月，我国市场主体达1.7亿户，其中个体工商户1.14亿户，这个数量庞大的市场主体是国内经济发展的重要动力，而征信对于它们至关重要，利于它们方便地获得信贷支持，这是国内企业征信发展的一个机遇。此外，中国拥有规模庞大的数字贸易和出口电商，也需要市场化的新型企业征信服务。

首先，伴随着云计算、数据挖掘等信息技术的发展和应用，为征信产品的创新和升级奠定了技术基础。数据处理能力的提升，使得征信机构可以对数据资源进行更充分的挖掘和分析，开发出具有更高技术含量的产品和服务，满足银行、保险等金融机构多层次、全方位、专业化的征信需求。其次，区块链、web3.0等技术创新也在推动企业征信商业模式的不断创新。党的十八大以来，在党中央、国务院统一部署下，我国征信科技行业发展明显提速，初步形成了"政策支持＋市场竞争"双轮驱动模式和以央行征信中心为代表的国有权威征信机构与诸多市场、区块链等技术解决方案以及软件开发、平台化征信机构错位发展、功能互补的市场格局，征信体系在市场经济中正发挥更为重要的基础作用。

随着央行征信中心数据量及查询量规模的快速提升，与其功能互补的市场化征信机构市场也在同步扩大。央行征信中心仅能提供较为基础的信息，其他完成备案的征信机构通过对数据的整合、处理，进一步挖掘数据价值，根据客户需求以多样化的交付方式输出分析结果，央行征信中心覆盖范围以外的市场巨大。

现阶段国内征信市场的应用场景仍处于拓展初期，企业征信产品主要应用于金融信贷服务，以及部分反欺诈、身份验证、信用决策的生活场景，金融机构是企业征信产品的主要客户。相比之下，国外征信行业开拓客户领域较为广泛，在金融行业之外向政府、教育、医疗等行业提供决策分析、人力资源、商业信息平台等信用衍生服务。

国内征信市场容量巨大且复杂，快速增长的信用科技、监管科技等市场需求为国内征信企业的发展创新提供了良好契机，企业征信机构发展呈现出以下几个特征：一是企业征信市场趋于规范化，我国正在逐步关注并确立相关法律法规进行政策性引导和规范化管理，推动行业形成良好的发展秩序。二是企业征信覆盖群体不断扩大，随着社会信用体系建设的逐步完善和经济水平的不断提升，信用在我国生产生活中的地位举足轻重，对于信用信息的迫切需要促使征信覆盖范围快速扩大。三是作业模式线上线下相结合，企业征信机构凭借大数据、人工智能等前沿技术与应用深度结合，建立基于系统集约化的线上服务平台，经过一系列的数据加工、分析、挖掘，形成高标准的企业信用信息通过线上传递至客户业务系统，构建外部征信数据在客户业务流程中的闭环，大大节省了线下人工调查处理时间和精力，广受客户好评，线上作业模式已广泛成为行业内其他公司的标准化服务之一。四是征信行业已初步形成多层次的企业征信市场发展格局，一部分是央行征信中心作为基础性的国家级企业征信机构，另一部分是小规模企业征信机构，主要服务于区域性或者行业性客户。还有一部分是具备深刻洞察业务模式的成熟企业征信公司，结合新一代信息技术对多维度信息进行梳理和分类，抽离出通用的具有普遍指导意义的模型、算法和指标，进行技术和产品的持续创新更迭，应用于金融、保险、互联网等众多行业。

从整个征信市场发展前景来看，我国征信体系仍在不断发展、完善，而金融市场乃至其他商业征信服务场景对于征信服务的需求也在持续快速提升，未来我国征信行业市场仍有较大的发展空间，主要有以下几点原因：一是社会融资规模稳定增长，信用服务市场规模不断扩大，我国社会融资规模增量一直稳定增长。央行数据统计显示，2022年社会融资规模增量累计为32.01万亿元，较上年度增长6689亿元，社会信贷规模的稳定增长同时带动了企业征信市场的发展。二是企业数量不断增加，融资需求仍待满足。国家统计局发布的国民经济和社会发展统计公报显示，2022年全年新登记市场主体2908万户，日均新登记企业2.4万户，截至2022年末市场主体总数近1.7亿户。三是小微企业贷款政策支持力度继续加强，随着国家对中小微企业扶持力度的进一步加强，银行亦将加大中小微企业的信贷投放力度，而中小微企业贷款（特别是普惠型小微企业贷款）需求的稳健增长将推动企业征信市场的发展。

随着征信行业的监管逐步完善，我国征信体系不断发展，金融市场乃至其他商业征信服务场景对于征信服务的需求也在持续快速提升，征信行业作为金融科技版图的重要组成部分，未来发展空间巨大。切入征信科技行业，能够充分激活广电运通现有金融客户资源价值，大幅拓展金融科技领域产品多元化，提速数字经济领域布局，实现公司战略升级转型。2023年7月，广电运通决定补齐这块至关重要的"拼图"，经过深入细致的尽调评估，北京中数智汇科技股份有限公司（以下简称"中数智汇"）成为投资标的。

中数智汇是一家征信科技行业的信用科技与大数据服务提供商，通过构建业内领先的数据采集平台（DCP）、智能大数据平台（EDP）和面向客户的BIdata商业智能平台，为客户提供综合查询、风控反欺诈、关联洞察、反洗钱、商业智能和解决方案类服务。中数智汇通过对商事主体海量信息的整合加工和穿透挖掘，为客户提供跨行业、跨部门、跨维度的商事主体多维信息展示服务，同时基于模型、算法的构建，输出高价值的智能分析成果，通过服务平台以标准API接口为主的形式提供给银行、互联网、征信、保险、电信运营商等行业客户，满足其在业务准入、风险监控、运营管理、合规管理等多元化业务场景的需求。

中数智汇客户群主要包括国内知名的国有和股份制商业银行、大中型互联网企业、征信机构、电信运营商、保险公司以及其他大中型企业客户。中数智汇数据库目前已覆盖2.9亿商事主体，日均调用量超4500万次，客户年调用量超100亿次，全国企业征信业务市场份额前五名，实现规模与效益业内双领先。近五年内，公司主营业务收入及利润连续稳定增长，在大数据（数据处理、数据分析、数据整合等)、人工智能、知识图谱和机器学习算法等领域保持较强的市场竞争力,发展趋势良好。

作为国内较早践行DaaS(Data as a Service)模式的企业之一,中数智汇将传递有效的信息作为一种服务来协助客户发展,实现商业盈利。随着业务的发展,在原有DaaS模式的基础上,公司不断拓展服务的广度和深度,从多维度对金融场景价值进行提升。通过私有云数据库和智能数据加工分析平台,中数智汇为金融机构客户提供高附加值的信息和分析支持,将外部信息分析结果与客户内部数据、业务系统流程、内置分析平台深度结合,提高流程处理效率、支持用户业务决策。公司与大部分客户的服务协议以年为周期签订,基于数据及数据分析产品的使用量向客户收取固定费用或变动费用。对于客户化本地的项目需求,公司通过自身成本的核算与客户产出的效果制定报价。总体而言,中数智汇的盈利模式可概括为"基于平台化的产品服务+基于客户化的项目服务"的复合模式。作为业内知名的数据服务征信公司,中数智汇不仅拥有稀缺的企业征信牌照,而且凭借10余年的企业征信数据、算法、模型和软件积累,为国内包括国有大型商业银行、股份制商业银行、城市商业银行和农村商业银行、开发性金融机构、头部互联网企业、金融资产管理公司等提供持续、优质、有价值的数据服务,并逐步形成三大竞争优势:①行业先发优势。

中数智汇在大数据产业深耕多年，是行业内最早做垂直领域大数据运营的征信企业，经过多年的积累，随着公司对金融机构业务场景的理解和思考不断深入，产品服务和客户核心业务融合程度越来越强，并逐渐成为客户制定内部数据标准和数据规则的参与者，业务发展逐渐从被动式接受客户需求反馈升级为主动发现并引领客户需求，从而使得先发优势得以长期保持和强化。②技术和产品优势。通过自有研发力量构建了业内领先的风控模型、机器学习算法、知识图谱模型等底层技术。公司所开发的模型和算法是从满足客户的实际业务需求出发，依托在金融领域的业务积累，不断构建出一系列场景针对性较强的知识推理挖掘算法，通过支撑技术平台与业务服务属性的融合，保证了建模方法的准确性和模型质量，能够为客户提供长期、持续、安全、稳定、高效的数据服务。③综合服务优势。中数智汇主动进行产品及服务模式调整，深入客户IT系统建设中提供主动交互、本地化、点对点等多种服务模式，改善了产品及服务的客户体验。公司高度关注用户体验，针对业务开展的每一个环节均建立严格标准的操作规范，从运营模式、产品性能、业务对接和售后服务四个方面优化用户体验，赢得客户的高度认可。

凭借上述优势，中数智汇在大数据（数据处理、数据分析、数据整合等）、人工智能、知识图谱和机器学习算法等领域具有较强的市场竞争力,专注于服务以大型商业银行为主的金融机构以及互联网、征信等行业龙头客户,具备完善的技术和产品研究、开发和创新体系。近年来,公司对下游客户的覆盖数量不断增加,积累了丰富优质的客户资源,存量客户的合同续签率始终保持在80%以上的较高水平。

敏锐洞察市场变化,及时捕捉行业发展机遇,精准落子产业外延布局,审慎选择投资标的,这一套"组合拳"对于广电运通而言早已游刃有余,广电运通再次诠释了资本助力产业建圈强链的"快、稳、准"。

2023年11月23日,广电运通召开第六届董事会第四十四次(临时)会议,审议通过了《关于收购北京中数智汇科技股份有限公司股权的议案》,公司拟8.6亿元收购中数智汇2388.89万股股份。

2023年11月24日,广电运通与中数智汇进行了股权投资签约仪式,签约受让中数智汇42.16%的股权。双方将携手奋进,探索新技术在数字经济领域的应用,多维度发挥协同效应,进一步推动产品和业务多元化发展:①以技术导入带动征信产品升级,广电运通将协助中数智汇落实数据安全合规和商业秘密保护,不断提升业务标准,以满足行业监管的要求。中数智汇将借助广电运通在人工智能、大数据、云计算、隐私计算等领域的技术积累,提升数据的获取和分析能力,改进信用风险识别和评价技术,提高数据产品质量,开发创新型信用科技产品。②以多元产品深度绑定客户需求,大数据征信是金融机构风险控制的必要手段,双方合作能进一步丰富广电运通产品组合,将更好地满足银行客户需求。中数智汇将依托广电运通深厚的金融和政务客户基础,持续深耕金融领域,深度参与各地政府社会信用体系建设,扩大征信产品服务的范围和场景。③以资源协作推动公共数据运营,广电运通在数字政府、数据交易等行业积累深厚,中数智汇在公共数据治理、分析、流通等环节经验丰富,双方将合力推动公共数据更广泛地授权和开放,挖掘公共数据的经济价值和商业机会,探索公共数据运营的可持续发展模式,抢占数字经济发展的制高点。

黄跃珍在股权投资签约仪式上表示,中数智汇加入广电运通,是广电运通布局数据要素的里程碑事件,未来将坚持党的领导,深刻领会落实党和国家对数据要素的布局;要有面向未来技术的战略眼光,探索新技术在数字经济领域的应用,深度挖掘数据要素价值,与各类数字化业务形成相互赋能融合发展态势;双方要坚持理解融合,以"数产融合"为动力,共同推进高质量发展。

大数据征信是数字经济与实体经济深度融合的典型领域,也

是金融机构风险控制的必要手段。对于广电运通而言,此次投资中数智汇,具有重大战略意义:

一是提速数字经济领域布局。数字经济时代,数据要素已成为核心生产要素与推动经济发展的核心力量。数据要素价值不断得到释放,对提高生产效率的乘数作用不断凸显,成为最具时代特征的生产要素;同时数据要素也正为加快经济社会发展质量变革提供动力。广电运通作为国内领先的行业人工智能解决方案提供商,布局数据要素业务是广电运通完善并优化产业结构,构建未来核心竞争力与业务增长引擎,实现跨越式发展的必由之路。此次收购充分体现了广电运通在深挖潜力客户、拓展市场以夯实主业根基的同时,主动寻找战略互补性新兴产业,围绕核心产业布局,以资本为纽带,加快投资并购,实现外延式扩张。

二是丰富金融科技领域产品。中数智汇专注于企业大数据征信领域,丰富的标签维度、全面精准的风险预警和关联识别能力、大规模的查询量级和高效的响应速度,均充分体现了其技术优势。中数智汇在大数据方面的技术能力可与广电运通在数据处理技术方面进行高效协同、相互借鉴,不断打磨出更优秀的数据技术与产品,更好地满足银行客户需求,推动"科技—产业—金融"良性循环,立足金融客户数字化转型需求,在金融信创、场景金融、数字人民币等领域培育新的业务增长点,继续积极推进数字经济业务领域的升级转型，助力打造自主可控、安全可靠、竞争力强的现代化产业体系。

三是强势切入征信行业。中数智汇与广电运通的主要客户群体高度重合，能与广电运通原有主业形成良好协同效应，有利于构建具备广阔前景的业务组合，形成多轮驱动的业务布局。依托广电运通深厚的金融和政务客户基础，深度参与各地政府社会信用体系建设，扩大征信产品服务的范围和场景，促进征信行业规范自律，加速中国信用体系建设，助力征信业健康稳定发展。

四是进一步提升大数据技术能力。中数智汇基于多元异构数据，运用机器学习、知识图谱技术提炼出集团派系库、关联方关系库、空壳公司库、企业画像标签库、风险事件库等十余个行业知识库，形成一系列产品服务解决方案，有效解决客户在开户准入、风控管理、合规管理、客户身份识别等多业务场景下的痛点和难点。中数智汇搭建了一整套智能数据平台架构，包括数据资产管理、数据服务、数据治理、智能运维、数据仓库、数据流水线等核心子系统，在数据平台之上建立人工智能框架体系，并且构建了集数据归集、数据标准建立、数据主题化建模到基于人工智能技术的数据挖掘输出于一体的智能作业体系，可以提供数据可视化视图、数据资产概览、业务数据流转、数据质量分析等诸多功能。此次收购可以进一步强化广电运通人工智能大数据技术能力，推动金融科技、城市智能两条业务主线融合创新，夯实"智能终端＋大数据"的完整产业链条竞争优势，助力广电运通成为"最具竞争力的数字经济骨干企业"。不仅如此，相关数据显示我国公共数据占数据总量的比重达70%~80%，而公共数据主要掌握在地方政府手上，海量公共数据资源可赋能丰富的应用场景。为充分发挥数据资源的价值，各地政府陆续成立数据局、数据公司与数据交易所，探讨公共数据的运营模式，公共数据运营有望成为下一个万亿级市场。中数智汇作为企业征信领域的知名企业，在公共数据治理、流通、商业变现等方面具有先发优势。广电运通凭借自身在数字经济、数字政府等领域的资源与积累，以中数智汇作为抓手，可迅速整合数据运营经验，在国内打造公共数据运营的可持续发展模式，推进全国公共数据运营产业的发展。

收购中数智汇，是广电运通全面布局数据要素业务的重要战略举措，补全了公司在人工智能"算法、算力、数据、场景"四大要素中数据这一核心关键要素的缺位，进一步完善了广电运通数字经济闭环生态，助力实现公司战略升级转型。拥有征信牌照后，广电运通将有望进一步延展业务领域，借助"征信"助力金融业数智化，依托"数字金融"推动金融科技、城市智能业务主线与数字经济深度融合，以创新的科技助推粤港澳大湾区乃至全国的数字经济产业高质量发展。

数字经济促高质量发展

习近平总书记在党的二十大报告中指出,"高质量发展是全面建设社会主义现代化国家的首要任务"。在中共中央政治局第二次集体学习时,习近平总书记强调,"要继续把发展经济的着力点放在实体经济上,扎实推进新型工业化,加快建设制造强国、质量强国、网络强国、数字中国,打造具有国际竞争力的数字产业集群"。促进数字经济和实体经济深度融合是建设现代化产业体系的核心内容之一,是推动高质量发展、加快形成新发展格局的重要任务。

搭乘"数字经济"快车,广电运通积极抢占粤港澳大湾区数字经济发展新高地,不仅逐渐转型成长为金融数字化、产业数字化的先行者,也为"十四五"高质量发展奠定了良好基础。

过去几年的实践证明,金融科技有力地推动了金融行业的用户获取和业务增长,客户的揽新、促活以及深度业务开发是金融科技服务零售业务的重点。针对C端用户,金融业加速投入和创新,突破传统模式拓展用户边界,在产品设计端强化数据挖掘,通过用户分析创设产品,提升银行服务客户的能力。B端用户追随产业数字化，一方面强化企业客户金融服务深度，另一方面借用科技能力满足企业贸易、结算、融资等全方位的金融需求。银行业通过海量数据盘活以及算法模型迭代构建起了银行的数字护城河。

但是，银行面临长期增长放缓及分化问题。麦肯锡指出，银行整体局势难言乐观，全球半数以上银行的市值低于账面价值；银行业整体估值远低于其他行业。全球银行业总市值在2021年达到16万亿美元峰值，2022年回落至14.5万亿美元。

毕马威的报告显示，数字化助力银行业务的深度和广度仍待提升。未来需要从全面业务视角来加速科技应用，包括数据挖掘、模型设计、切入场景、创设产品等，以进一步提升科技对银行业务的赋能。

毕马威专家指出，银行业要通过建立数字韧性、技术韧性和创新韧性，建立"小步快跑、试错迭代"机制，高效推进产品和服务创新，适当提高容错阈值，在明确风险偏好和承受能力的前提下，试探客户反馈，发现新的市场机会。毕马威建议银行业利用大数据、机器学习等手段建立前瞻性预警系统。

毕马威预测，数字化将在如下维度深刻影响金融业：跨链信任促进金融场景深度融合、联邦学习提高数据交互效率、分布式云重塑金融大数据架构、低代码开发提升金融业敏捷服务能力、

RPA（机器人流程自动化）加速金融业自动化智能化、同态加密技术广泛应用、隐私计算保障金融数据安全融合、全真互联实现数实融合和数字银行突破时空限制实现金融普惠。

随着数字经济的深化，金融领域 AI 需求剧增。金融领域 AI 算法呈现工程化、多模态、低资源、小数据的趋势，金融"数智化"迈上新台阶。随着 AI 自身能力持续进化，金融数据类型日趋丰富多样成为算法变革的有力推手，通过多模态和低资源机器学习等关键核心技术，可以有效地减少标注数据量，缩短 AI 研发周期，降低成本，提升用户体验。

中国信通院《2022 年中国金融科技生态白皮书》认为，金融科技成为金融业务创新的核心驱动因素，加速金融业务经营和管理数字化进程。《数字政府发展趋势与建设路径研究报告（2022年）》指出，政务系统上云已成为各地政府数字化转型的必选项。政务系统加速向政务云迁移，政务云市场规模逐年上升，预计 2023 年达到 1203.9 亿元。

在数据被纳入第五大生产要素之后，我国在政策端不断加码数据要素市场化的指引力度。2022 年 12 月发布的《中共中央 国务院关于构建数据基础制度更好发挥数据要素作用的意见》，从数据产权、流通交易、收益分配、安全治理四个方面，提出二十条政策措施，初步搭建起我国数据基础制度体系。

从产业端来看，我国数据要素市场仍处于从 0 到 1 的探索阶段。近两年来，北京、上海、广州、深圳数据交易所相继揭牌成立，为推进数据合法合规交易、进一步释放数据价值提供了支撑平台。根据国家工业信息安全发展研究中心等机构联合发布的《中国数据要素市场发展报告（2021—2022）》，2021 年我国数据要素市场规模达到 815 亿元，预计"十四五"期间市场规模复合增速将超过 25%，整体将进入群体性突破的快速发展阶段。

"十四五"中后期，广电运通将以加快融入数字经济发展浪潮为导向，继续夯实数字技术底座这一基石，深化数字产业化、产业数字化、数字化治理和数据价值，带动行业生态建设，引领数字产业发展，从战略全局出发，纲举目张做好工作，以国企的担当与实力，做强做优做大我国数字经济。

第六章
争当国际化探路先锋

中国经济发展改变世界经济版图,百年未有之大变局有赖中国经济发展。

——林毅夫

基于国内大量成功实践，广电运通领先全球的金融科技解决方案，已在亚太、非洲、拉丁美洲、美洲、欧洲、中东等多个国家和地区成功落地，助力当地传统金融机构转型升级，促进了当地金融业的发展，让当地民众体验到了更加先进、更加友好的服务。虽然国际格局正在加速演变，但世界经济的一体化趋势仍在加速。过去两年，广电运通海外业务的拓展虽然深受疫情影响，但凭借在全球成立的多个分支机构，以及完善的营销、技术及服务体系，广电运通海外业绩还是实现逆势增长，这也让广电运通人更加看到了全球市场的潜力。

国际化对于中国企业而言并不陌生，早在20世纪80年代，以海尔为代表的中国企业就开始了国际市场的探索之路。

2001年12月11日，中国正式加入世界贸易组织，这是中国融入经济全球化的里程碑，标志着中国改革开放进入历史新阶段。

2002年，党的十六大报告把实施"走出去"战略与信息化、西部大开发、城镇化进一步明确为国家新世纪发展的四大战略。在政策的支持下，中国企业"走出去"的时机和条件越发成熟，华为、比亚迪、格力、TCL、海康威视等越来越多的中国企业走出国门踏上国际化征程，在激烈的国际竞争中擦亮"中国制造"的招牌。世界上越来越多的地方都能看到中国企业的面孔，越来越多的带着"中国制造"标识的商品打入海外市场。

入世20多年来，中国不断扩大开放，不仅激活了国内发展的高速引擎，也为世界经济注入了新的动能。根据联合国贸发会议（UNCTAD）《2022世界投资报告》，2021年中国对外直接投资流量世界第二，达到1452亿美元，相比十年前的2012年增长65.4%，占全球比重也由十年前的6.8%上升至目前的8.5%。2021年，中国对"一带一路"国家非金融类直接投资203亿美元，同比增长14%，相比2015年增长了37%。

与此同时，新世纪以来以数字化、网络化、智能化为重心的新一轮科技革命和产业变革深入发展，包括中国在内的一大批新兴市场国家和发展中国家经济快速成长，世界多极化态势明显，国际力量对比发生重大变化。当前，世界正经历百年未有之大变局，出现了贸易投资保护主义、单边主义，经济全球化遭遇逆流，多边贸易体制面临严峻挑战，国际经贸规则趋于碎片化，全球产业链供应链面临重构，贸易摩擦冲突上升，世界经济波动加剧，国际环境更趋复杂。

在此背景下，中国政府提出推进更高水平对外开放。这既是支持经济全球化、维护开放型世界经济的实际行动，能够为世界经济恢复发展注入信心和动力，也是营造友好外部环境、应对世界百年未有之大变局、推动我国经济稳健成长、维护中华民族伟大复兴势头的理性抉择。

2020年5月14日，中央首次提出"构建国内国际双循环相互促进的新发展格局"。5月两会期间，习近平总书记再次强调，要"逐步形成以国内大循环为主体、国内国际双循环相互促进的新发展格局"。同年7月，中共中央政治局会议提出，面对复杂严峻的经济形势和较大的不确定性，必须从持久战的角度加以认识，加快形成以国内大循环为主体、国内国际双循环相互促进的新发展格局。

历史和我国发展现状也表明，唯有立足自身，有效打通国内循环体系，消除国内循环障碍，充分激发国内市场活力，才能弱化国际上的不良影响，增强我国在应对各种严峻复杂挑战中的经济竞争力和可持续发展能力。"双循环"新发展格局是中国基于国内外发展形势所做出的一项重大战略部署，为外向型企业开展经营活动提供了更广阔的空间和更完善的方案，资本市场互联互通机制持续优化，跨境投资渠道进一步拓宽。

做国际化探路先锋

从2001年中国入世至今，众多国内企业在积极探索"国际化"过程中取得了一系列瞩世的成果，相对于大家耳熟能详的知名企业，广电运通作为行业内的"隐形冠军"企业，同样是开启国际化探索的先锋。

从2002年向海外卖出第一台ATM机至今，广电运通已有30多万台设备分布于东南亚、中东、非洲、美洲、欧洲等地的110多个国家和地区，供当地居民存取款。在国内，各大主流金融机构的大部分自助设备上也随处可见GRGBanking的标识。目前，广电运通的市场份额已跃居世界前三，并长期位居国内第一。

要在国际舞台上崭露头角，在激烈的竞争中发展壮大，甚至在某些领域成为细分之王，中国企业必然会与国际巨头正面交锋，广电运通也不例外，为了打开国际市场，广电运通成立了全资子公司运通国际，专门负责海外市场的拓展销售。

对于目标市场的选择，广电运通时任总经理叶子瑜认为，在欧美这些发达国家，由于金融体系已经发展得非常成熟，很少再有新的自助银行网点建设，所以其对 ATM 新设备的需求量，主要来自对旧设备的更换，整体需求量并不大，反倒是其他一些国家，由于其金融体系正处于起步或发展期，对 ATM 设备的需求量反而较大。从这个角度来看，广电运通选择"农村包围城市"的道路，既符合了中国企业走出去的成功经验，又符合了市场需求的趋势，可谓是一举两得。

2006 年，广电运通与尼日利亚 Ecobank 签订合同，进入非洲市场；2009 年，与南美洲厄瓜多尔 Mutualista Pichincha 银行签下合同，进入南美洲市场。

随着目标市场的选定，新的问题接踵而至。

中国企业进行全球化市场开拓一般采取两种方式，一是在海外找当地的合作伙伴，不在当地设立分支机构；二是在海外成立分子公司，雇用全职员工。前者的优势是启动快、投入小，劣势是对当地市场的把控力度弱，后者刚好相反。

刚开始拓展海外市场时，广电运通的战略主要还是将产品卖到其他国家去，属于试水阶段。经过一段时间的"拓荒"，广电运通很快发现，这种贸易式的海外拓展思路不仅速度慢，而且客户关系难以长期维护，更谈不上打响自己的品牌。在国际巨头盘踞的全球市场中，广电运通被直接归到"最不受待见的亚洲供应商"一类。

面对这种情况，2006年广电运通开始转变思路，以"全球本地化"之路谋求破局，全面展开在海外市场的销售渠道建设与本土化服务，正式踏上全球化战略的征程。海外市场发展归结为三点：第一，不好高骛远；第二，有极强的风险意识，在回款及合作条款的一些风险控制上做得非常到位；第三，不打价格战，而是以优质产品和服务为客户提供增值方案。

运通国际在海外市场销售与技术服务环节均实施本地化发展策略，在全球范围内相继建立分子公司，以快速响应给予银行客户第一时间支持，广电运通全球本地化布局逐渐成形。

以墨西哥市场为例，2008年，运通国际在当地正式设立子公司并以此辐射美洲板块。事实上，运通国际可以以更加经济简单的方式推进当地业务拓展，比如寻找代理或者成立办事处，但最终还是决定成立子公司，虽然这样投入更多，程序更复杂，但更有利于本地化经营。在业务推进非常艰难的几年里，墨西哥子公司曾一度面临难以为继的局面。即便如此，运通国际依然坚定决心，始终对当地子公司深度经营给予最大限度的支持，比如投入百万美元在墨西哥建立本地的产品及备件仓库，逐步在当地市场提高广电运通的知名度,通过完善的技术服务体系让客户认识到中国制造的产品质量。正是因为这样,运通国际才与海外客户逐渐建立起互信共赢关系,得以在后来的竞争中始终精准把握住每一次市场机遇,逐步打开全球本地化的局面。

能够顺利打开海外市场,是因为贯彻了正确的战略战术,将自主核心技术牢牢攥在手里并提供质量过硬的产品,这是广电运通走向全球的根本保障。2011年,广电运通投标土耳其农业银行循环机采购,一举击败美国、欧洲、日本等国际厂商,获得了2.3亿元的超大额订单。在与行业国际巨头的短兵相接中,自主循环机芯的质量性能优势成为击败对手的有力武器。最初土耳其农业银行循环机采购订单是两家公司中标,除了广电运通之外还有一家美国巨头企业,但这家美国企业的设备在最终性能测试中均告失败,而广电运通的产品性能和稳定性相关指标均大幅优于竞争对手,最终广电运通将全部采购订单收入囊中。

2011年3月,叶子瑜在接受美国媒体OSIX(O Six Media | World Business Broadcast)的采访时,自信地回答记者:"我们立足中国,一层意思是与中国本土化市场同步成长;另一层意思是我们是'中国制造',如今的'中国制造',是'可靠、高性价比与富有竞争力'的代表!"同年12月,广电运通全系列ATM机在通过德国银行业委员会(ZKA)全部2200多项严格测试并取得ZKA

质量认证后,再次顺利通过了欧洲中央银行(ECB)的测试认证,充分向世界验证了中国ATM企业有能力、有实力为全球客户提供"卓越品质"的产品与方案。

技术的发展总是伴随着行业变革,全球金融服务业已被技术驱动的金融服务(称为"金融科技")所改变。这种颠覆性技术正在重塑金融产品、商业模式、市场,甚至货币本身的概念,为收集和使用数据、创造新型投资资产和扩大创新服务提供了新方式。

随着我国平台经济快速发展,数字技术发展和应用极大拓展了平台赋能的空间,大型平台企业凭借在中国这个超大规模市场积累的技术、人才、资金、数据优势"出海",带动平台赋能科技成为金融科技企业"走出去"最主要的赛道,在一定程度上体现了我国平台经济的国际竞争力。我国在移动支付领域多年保持全球领先水平,支付技术和商业模式更加成熟稳定,而疫情下全球各国对随时随地付款的移动支付服务需求更加强烈,这为我国支付科技类企业"走出去"提供了广阔的市场空间。

2014年9月,时任广电运通副总经理、运通国际总经理李叶东在广电运通第九届全球客户年会上作"智慧驱动未来银行"的主题演讲,并就传统银行及网点所面临的挑战及困境提出了"未来银行"的构想。李叶东认为,未来银行具备高效、低成本、更加贴近客户关系、流程更加优化并且安全可靠等特点。基于此，广电运通推出了包括现金循环设备、VTM（远程智能银行）在内的一系列针对"未来银行"发展而打造的解决方案。希望借助全球客户年会，与各国本地化团队协同合作，为全球银行客户创造更多的价值。

2017年2月，李叶东与泰国GHB银行及百人媒体团在广电运通产业园进行银行网点转型的创新技术和综合解决方案深度交流与合作探讨。泰国GHB银行总裁Chatchai Sirilai表示："广电运通可以根据我们的个性需求提供客户化的产品和服务，不仅解决了泰国银行发展的'痛点'，还更好地提升了网点运营效率。"同年11月，运通国际在泰国举办了金融科技交流会，与泰国本地银行以及行业人士共同探讨银行业未来发展、数字化技术应用前景，推进泰国银行业智能转型和数字化金融升级。"在数字化时代里，广电运通必须关注客户的真正需求。"李叶东在接受泰国当地行业媒体采访时表示，"全渠道的趋势不可逆。未来，金融服务场景将不限于银行网点，它可能存在于任何地点。"

2022年，疫情对各行业的负面影响尚没有完全消失，广电运通却在市场上，尤其是海外市场捷报频传。

BBVA墨西哥银行是墨西哥第一大金融机构，其母公司BBVA银行总部位于西班牙首都马德里市，也是国际化的金融集团与全球性投资银行，在全球 30 多个国家及地区设有分支机构，在拉美地区具有很高的市场覆盖率和品牌知名度。

为进一步扩大全球本地化版图，运通国际 2022 年完成了墨西哥全国 32 个省的分布式服务网络布局，通过组建墨西哥本地化服务团队实现服务转型，各服务运作板块逐步形成标准化运作，为 BBVA 墨西哥银行及当地银行提供"销售+服务一体化"的服务。

2022 年 12 月 6 日，广电运通发布《关于全资公司签订海外重要合同的公告》，旗下运通国际全资子公司墨西哥子公司与 BBVA 墨西哥银行签订金融自助设备购销合同，合同含税总金额约合人民币 1.83 亿元。

本次合作中，BBVA 墨西哥银行向运通国际采购金融自助设备，包括现金取款机、现金存取款与支票模块的全功能机两种类别，项目将于 2023 年在墨西哥当地完成全部设备的交付。

至此，在运维服务、渠道创新整合、网点数字化转型、智能绩效考核、信息安全等多个方面，广电运通已连续 6 年与 BBVA 墨西哥银行进行了技术交流与友好合作，在海外金融科技领域沉淀了扎实的业务能力。双方的进一步合作，为公司持续拓展墨西哥业务奠定了坚实基础，为未来在更多欧美国家拓展业务带来积极影响，也大幅提升了广电运通在美洲地区乃至全球市场的品牌认知度。

在人工智能、金融科技等新技术浪潮推动下，运通国际始终坚持全球本地化战略布局海外市场，提高本地化业务运营落地能力，通过践行创新转型理念，参与多个国家的银行"数智化"建设，支撑其从传统贸易向整体解决方案的业务转型。

2015年以后，东南亚金融科技发展迅速，2015—2020年，外国投资者对东南亚金融科技企业的投资增长了近7倍，叠加地缘和文化因素，东南亚成为金融科技企业投资的新热土，成为金融科技企业"走出去"的重要目的地。

2017年，运通国际在新加坡注册子公司，为当地银行客户提供更为优质的本地化服务，同时辐射周边市场，为进一步开拓亚太市场奠定了基础。

运通国际携手新加坡DBS（星展银行）陆续在当地批量上线VTM（远程视频柜员机）解决方案，引领当地金融服务创新风潮。VTM创新解决方案在DBS各大创新网点正式运营以来，为银行最大限度地节省了人力成本，为当地居民提供不受时间和空间限制的自助服务，深受用户青睐，也为新加坡打造智慧金融服务网点作出了巨大贡献。

在上述过程中，广电运通研发的涵盖多模态生物识别、VIP识别等创新网点转型方案起到了关键作用。

越南市场的突破则是另一个起点。

自主平台海外落地

一直以来,越南首屈一指的商业银行TPBank(先锋银行)希望迅速布局更多网点,扩展市场,但受限于越南金融监管的规定——一家银行每年新开网点不可以超过5家。此外,传统银行网点的开设需要比较大的物理空间、配置多名工作人员,投入巨大,运营成本很高。

对于TPBank的这种痛点,运通国际提供了完美的解决路径——广电运通基于自己研发的人脸识别、掌静脉等生物识别创新技术,打造了网点"数智化"建设转型解决方案(VTM)。

2017年,TPBank引入运通国际的VTM集成解决方案,将其网点打造为"LiveBank"(智能网点)。LiveBank集成了众多现代创新技术:生物识别技术、OCR手写识别技术、QR Code应用程序,配备双目摄像头等生物识别设备,交易过程实现全程记录,并不断迭代更新,以适应银行4.0技术的高要求。例如,更新指纹交易功能,独一无二的指纹无法伪造或复制,为用户营造更安全、更便捷、更新潮的金融服务体验。

运通国际为TPBank提供的上述网点转型解决方案,助力TPBank迅速在越南全境布局了近300个网点。

2021年,TPBank又与运通国际签订批量的VTM和软件开发合同，以及 500 台桌面终端设备。运通国际再次助力该银行网点完成科技升级，在突破当地传统网点的形象的同时，也为当地金融服务升级注入了"新鲜血液"，进一步提升了 TPBank 全渠道数字化服务能力。

除 TPBank 外，越南 KSBank 也大批量引进运通国际的 VTM 方案，实现网点数字化和智能化，运通国际为越南人民提供了更智能更便捷的金融自助服务。

几乎同时，运通国际涵盖多模态生物识别、VIP 识别等创新网点转型解决方案也在柬埔寨加华银行落地，这是运通国际自研生物识别整体解决方案在海外市场的首次落地，为海外网点转型和创新业务落地奠定了坚实的基础。此举进一步提升了广电运通在亚太地区乃至全球市场的品牌认知度，为未来在其他国家推广网点转型解决方案等新型业务带来了更多的机遇。

截止 2023 年，广电运通的产品与服务已成功进入土耳其、新加坡、阿根廷、墨西哥、越南、泰国等国家和地区，越来越多国家的银行机构开始选择与广电运通合作。

运通国际之所以能在海外市场捷报频传，2019 年是一个重要节点。

海外市场转型升级

2019年是运通国际海外市场转型升级的第一年,这一年,广电运通将目光聚焦在了金融科技快速发展、银行转型升级需求迫切的东南亚,并由高层亲自带队前往考察。

此次考察有两个重要背景:一是广电运通正在持续推进人工智能+的战略升级,深入拓展生物识别、智能视频、智能语音、大数据等人工智能技术应用,在金融科技和城市智能两大业务主线上有众多成功落地的应用场景;二是广电运通管理层预测,未来5年内全球银行网点总量将超过120万个,随着金融科技蓬勃发展,约有1/4面临转型升级,其中亚太地区银行转型升级的需求尤其旺盛。

广电运通在国内金融技术与服务上有显著的领先优势,有助力中国银行业成功转型升级的大量经验,有不断迭代更新的智慧网点软硬件综合解决方案,可以以点带面,以创新金融为基础,紧抓政策带来的商业机遇,将国内的成功案例快速复制到海外市场,逐步在海外建立标杆性示范项目,助力海外国家和地区的智能金融服务质量快速提升、推动当地银行的数智化转型。

广电运通管理层此次以新加坡、泰国为中心的考察,一是走访老客户,了解客户对广电运通产品和服务的反馈,提升服务品质，探讨更深入的合作；二是拜访、开发更多新客户。

新加坡是全球智慧城市建设标杆国家，拥有良好的基础，构建了全球第一个智慧国家及智慧城市的蓝图。广电运通考察团在新加坡拜访了 DBS、Amaris-AI、新加坡南洋理工大学等重要合作伙伴，围绕人工智能、大数据等金融科技创新在新加坡的发展与客户进行了深入的交流，并进一步探讨了未来智慧城市的发展趋势。

对于广电运通的产品和服务，DBS 高管 Andrew Huang 表示："（运通国际）VTM 网点转型解决方案，在 DBS 各大创新网点正式运营以来，深受当地客户的喜爱，不仅为新加坡打造智慧网点作出了重大贡献，更助力 DBS 荣获多项国际大奖。"

考察团还在新加坡三大 CIT 公司之一的 AETOS 参观交流。运通国际承建的该公司的清分中心建设项目，不仅满足了客户的定制化需求，更对信息安全、现金管理等业务提供了创新的解决方案。

广电运通高管一行还考察了另外一个重要国家——泰国。根据"泰国4.0"经济战略目标，泰国许多银行推出"金融创新4.0"，纷纷试点金融服务和网点转型创新。

随着本土化进程的深入推进，运通国际曾与泰国银行客户多次探讨当地银行业的未来发展、数字化技术应用，共同推进泰国银行业智能转型和数字化金融升级。此行,考察团再次拜访泰国GHB(政府住房银行)、GSB(政府邮储银行)等当地重要银行客户。双方针对运通国际的产品方案使用情况以及银行网点的发展趋势进行了深入交流。泰国客户对中国银行业的智慧网点、创新网点建设很感兴趣,肯定了运通国际为当地银行实行网点转型和升级提供的创新解决方案。

东南亚市场考察之行,增强了运通国际进一步拓展国际市场的信心。

但是,严峻的疫情给运通国际的业务拓展和服务带来了重大考验。2020年,是运通国际在海外市场实践战略转型的第二年。这一年,新冠肺炎疫情席卷全球,经济下行压力不断累积,各种不确定性增大,运通国际海外传统业务模式面临严峻挑战。

在2020年年中经营分析会上,李叶东坚定地对管理团队说:"危机危机,有危必有机。我们要慎重地审视海外形势,从挑战中找出机遇。因此,一定要坚持创新发展理念,加速全球本地化进程,运通国际才有机会在此次逆境中扬帆!"

在新冠肺炎疫情笼罩下,运通国际人没有畏惧,依旧远赴墨西哥为当地提供技术支持,为一线工程师提供更前沿的培训,将本地化落到实地。

2021年4月,墨西哥新冠数据显示"日新增感染超6000人,日均死亡超400人，累计确诊超230万人，累计死亡超20万人"。如此严峻形势下，运通国际拉美区技术服务组两位同事依旧出差并驻守在墨西哥子公司。他们带领的技术团队为墨西哥第一大商业银行BBVA提供技术服务支持。技术团队废寝忘食、通宵达旦，为项目上线赢得时间，获得了客户的高度认可和尊敬。前文中所说BBVA墨西哥银行之所以与运通国际再签下大单，不是偶然，而是以客户为中心的运通国际人不畏艰险、默默付出的结果。

泰国GSB/GHB项目作为广电运通在海外市场运行的重大项目之一，截至2020年底，已经上线运行2500台金融自助设备。经过一年的上线运行，现场运维特别是备件保障能力暴露出一些不足，造成好件误判退回广电运通总部维修，从而影响现场的备件保障。

鉴于此，在泰国本地建立维修中心，提高本地备件周转效率，降低客户备件因误判的运输成本成为迫切需要。运通国际运维管理部作为后台支撑部门在接到区域技术需求后，由维修组同事按照现场反馈的运维数据，提前准备对应机型的维修物料，并制订本地维修室建设计划。2021年正是泰国疫情反复的时期，维修组同事于同年5月11日抵达泰国曼谷，在当地开展泰国本地维修室建设工作，过程中经历与新冠感染者密切接触，但万幸的是并未感染。此后泰国疫情迎来高峰，从6月初每日新增4000例感染病例至7月末每日新增20000多例感染病例，在此期间吴东阳克服各种困难，顺利完成本地化项目维修环境建设并协助区域招聘本地维修工程师。经过3个月整体培训及指导，本地维修工程师基本能够完成非核心零、备件的维修工作，有效地提升了备件周转率，实现了本地坏件在本地维修的目标。

2023年1月，土耳其Garantibank宣布启动一个300多台自助金融设备招投标项目。除DN、NCR外，广电运通也参与了这个项目的竞争。虽然2022年广电运通曾获得Garantibank 64台设备的订单，但是客户对广电运通的设备一直持有异议。

面对如此形势，运通国际土耳其团队将客户满意度放在了首位，当地销售和服务团队经过长达3~4个月的持续努力，特别是一线服务人员的加班加点分析、追踪问题和解答，几乎每周都举行会议面谈，提供相关佐证报告。最终功夫不负有心人，广电运通的产品赢得了客户的认可，该项目招标数量也从最初的300多台增加到786台，运通国际将之全部纳入囊中。

虽然赢得了这个项目的订单，但区域团队并没有因此而松懈，一直保持兢兢业业的服务精神，全力以赴，以更好的服务态度满足客户需求。目前，Garantibank在之前786台订单的基础上再次追加了100台的订单需求，土耳其团队依然保持着以客户为中心，以客户需求为己任，为当地的银行客户提供整体智能金融系统解决方案。在团队的不懈努力下，运通国际在多个重点市场都取得喜人的成绩，分别在墨西哥、希腊、乌兹别克斯坦等市场签订共计超过 2 亿元的金融设备与服务合同，并突破欧美部分高端市场。顺应"双循环"新发展格局和金融业双向开放趋势，运通国际在海外市场的成绩，充分验证了广电运通"双循环"战略的科学性，实施路径的正确性。作为领先的金融科技企业，广电运通积极融入全球创新网络，推动人才、技术、资本、经验等多元国际交流合作，加快在国际市场布局全球本地化战略部署，着力打造金融科技国际竞争优势。

全球金融科技市场规模持续上涨

2023 年，广电运通的产品与服务已成功进入全球 110 多个国家与地区。但从全球金融科技市场的总份额来看，广电运通所占比例还不高。

随着国际格局的演变，全球经济一体化仍在加速，也在催生新的发展动力。

根据 Statista 网站公布的数据，全球金融科技产业收入规模近 5 年来呈现不断上涨的态势，全球范围内金融科技在传统金融领域的渗透率不断扩大，金融科技水平不断提升，产业投融资规模总体上涨，金融科技在东亚区域的增长规模持续上涨。

2021年，全球金融科技产业市场规模达到1462亿美元，近5年复合增长率达到12.8%。据初步统计，2022年全球金融科技产业市场规模突破1600亿美元。

根据Global research提供的数据来看，2023—2028年将是全球金融科技快速发展的阶段，5年行业规模复合增长率有望超过15%，2023年全球产业规模将达到1975亿美元，2028年全球金融科技产业市场规模将超过4000亿美元。

未来，全球金融科技市场高速发展、出现的巨大的市场空间，是中国金融科技企业融入世界金融科技市场、"走出去"的重大历史机遇，这也让广电运通人看到了全球市场的巨大潜力。

过去几年，在疫情以及错综复杂的国际经贸形势影响下，广电运通凭借在全球的八大分支机构，以及完善的营销、技术及服务体系，海外业务仍逆势强劲增长。多年的海外开拓也让广电运通人积累了大量海外市场运作与服务经验，为海外市场进一步发展奠定了坚实的基础。

随着数字经济的快速发展，广电运通也将继续发挥自身优势，有效利用境外市场资源，积极开展国际合作和竞争，实现可持续发展，敢为双循环的探路先锋，为全球经济复苏注入中国活力。同时，广电运通将携手本土生态，推进联合创新，优势互补，助力更多全球客户和合作伙伴，共同赢得发展机遇。

第七章

机制创新激活发展新动能

在建立社会主义市场经济过程中,试图搞活全部国企的想法及做法是不符合市场经济优胜劣汰的基本规律的,应从根本上转变改革的思路,从产权改革出发,以国有资产的保值为核心来搞活国有经济。

——厉以宁

外界评价称,广电运通是最不像国企的一家国企。众多传统国有企业,囿于体制和机制的问题,对市场需求不够敏感、对需求的满足不够及时,导致在市场竞争中处于劣势。广电运通作为一家国有控股的上市公司,在人工智能这个市场潜力巨大但竞争异常白热化的领域,却能够异军突起,迅速积累技术优势,在市场上取得亮丽的成绩,获得资本市场的高度认可,这源于广电运通通过体制机制改革以及创新管理激活了高质量发展的"新动能"。

作为中国特色社会主义市场经济理论的奠基人和开拓者之一,厉以宁教授参与推动了中国国有企业产权制度改革。厉以宁教授指出,在向市场经济的转轨过程中,市场竞争日趋激烈,传统国有经济的模式已经成为搞活国有经济的根本性障碍,摒弃这种模式不仅是利益格局的重大调整,更是观念上的重大革命。回顾国企改革走过的路程,社会主义制度和国有经济的比重没有必然联系,建立国有经济与非国有经济相互融合的经济机制是中国特色社会主义市场经济建设的基本趋势,股份制将成为国有企业改革的主体形式。

回看中国国企改革的进程,提及股份制改革,就不能回避混合所有制,股份制是混合所有制的主要实现形式,但不能将混合所有制简单地等同于股份制。在不同历史条件下,"股份制"和"混合所有制"相继走向历史前台,成为国企改革的方向。

1993年12月20日,八届人大五次会议审议通过了我国第一部《公司法》。1994年7月,《公司法》正式实施,大大促进了我国股份制企业的发展,而股份制的引入也为国有企业改革的深化开创出了全新的天地。

1997年9月12日,中共十五大报告第一次正式提出"混合所有制经济"概念,"混合所有制经济"正式登上了中国的改革舞台。1999年9月22日,中共十五届四中全会通过《中共中央关于国有企业改革和发展若干重大问题的决定》:"国有大中型企业尤其是优势企业,宜于实行股份制的,要通过规范上市、中外合资和企业互相参股等形式,改为股份制企业,发展混合所有制经济,重要的企业由国家控股。"中国的国企改革,进入全面制度化创新的阶段。

个体的成长,往往在折射出历史变迁的同时,也留下与时代同频共振的印记。

1999年12月,广电运通的母公司广州无线电集团通过了《广州无线电集团有限公司加快转制改革工作总体方案》,拉开了无线电集团进行转制改革的大幕,而针对集团下属骨干企业发展混合所有制,具体以企业内部员工持股的形式落地,也成为此次改革的最大亮点。2002年1月25日,无线电集团第二届董事会召开第四次会议,审议通过了无线电集团出让所持国有股给广电运通经营骨干的议案;48名经营骨干在2002年8月2日前向出让方无线电集团付清了全部股权转让款,合计持股达20%。广电运通用首次混改翻开了企业发展的新篇章。

得益于世纪之交的混合所有制改革,2005年10月,广电运通完成股份制改造。2007年8月13日,广电运通顺利在深交所上市(股票代码:002152),成为国内ATM设备生产商中的首家上市公司,这也是自新IPO管理办法(即2006年5月17日中国证监会发布《首次公开发行股票并上市管理办法》)实施以来,广州市第一家成功上市的国有控股企业。资本的加持也开启了企业高速成长的新征程,从2008年起,广电运通在国内金融机具市场占有率第一,这一纪录延续至今。

2013年11月12日,中共十八届三中全会《决定》中明确提出,"积极发展混合所有制经济",并强调国有资本、集体资本、非公有资本等交叉持股、相互融合的混合所有制经济是基本经济制度的重要实现形式。

这也意味着,在新一轮的改革浪潮中,积极发展混合所有制经济已成为中国深化经济体制改革探索的重要内容。

2014年6月20日,经国务院同意,中国证监会制定并发布《关于上市公司实施员工持股计划试点的指导意见》,在上市公司中开展员工持股计划试点。

上市公司作为股权结构多元化的企业形态,可以更好地发挥混合所有制的优势,广电运通凭借对政策的敏锐嗅觉,再次抓住这难得的机会,于2014年底启动定向增发暨员工持股计划。

2015年11月11日,广电运通非公开发行股票获证监会通过。2016年3月11日,广电运通非公开发行股票18282万股在深圳证券交易所上市,募集资金总额31.37亿元。此次非公开发行后,员工通过持股计划间接成为广电运通股东。至此,广电运通实现了二次混改的目标，大幅增强了企业资本实力，进一步加快对外并购以及规模化扩张速度，战略性布局能力得到质的提升。与此同时，企业内部机制被大大激活，骨干员工积极性显著提升，企业的发展充满了动力。广电运通的混改成功，也成为广州市属国企混改推进中的代表性案例。

改革的步伐未曾停留，政策的契机仍在延续。

2020年6月，习近平总书记亲自主持中央深改委会议，审定了《国企改革三年行动方案（2020—2022年）》，并多次在重要场合强调深入实施国企改革三年行动。

广州市国资委在国企改革三年行动总结会议上强调："持续调整优化国有资本的产业布局、空间布局是改革的重点，要更大力度布局前瞻性战略性新兴产业。"这就要求国有企业必须建立科学合理的资本运作体系，能结合企业实际进行高质量、有价值的资本运作运营。

为落实国企改革三年行动，作为广州国企代表的广电运通遵循国企改革基本逻辑，将公司发展战略与国家发展战略紧密结合，从企业实际出发，以"产业+资本"双轮驱动，不断创新管理体系，打通了集"投融管退"于一体的国有资本运作体系闭环，解锁高质量发展的"新密码"。

针对资本运作，广电运通建立了全生命周期管控体系，确保资本和资源始终流向促进经济转型升级、促进科技创新发展的现代化产业，严格避免主业不清、分布零散的情况出现，进一步发挥广电运通在数字经济领域的引领及软件和信创产业链链主作用，激发数字科技活力，加快促进数字场景落地，推动人工智能、大数据等前沿信息技术与实体经济融合走深向实。通过审慎高质开展产业投资、效率优先推进股权融资、提质增效落实投后管理等手段，2020—2022年广电运通在提高资本运作管理效率、促进企业产业布局优化、提升企业经营质量、完善企业治理体系、激发组织活力和人才创造力等方面取得了一系列重大成果，进一步推动了广电运通与市场经济深度融合，有效实现了国有资产不断做强做优做大、保值增值，国有经济战略支撑作用更加凸显。

实践证明，国有企业和市场经济能够有机结合。

"产业+资本"双轮驱动 "投融管退"闭环释放资本价值

广电运通母公司广州无线电集团是一家以"高端高科技制造业、高端现代服务业"为战略定位的多元化产业集团，战略布局人工智能与大数据、无线通信与北斗导航、计量检测与精密仪器、应急指挥与现代城市服务等产业板块，控股广电运通、海格通信、广电计量、广哈通信、中科江南 5 家 A 股上市公司，经过多年实践，形成了"产业+资本"双轮驱动的运作模式。

2023 年 5 月 15 日国务院国资委发布消息，两项国企改革专项行动——百户科技型企业深化市场化改革提升自主创新能力专项行动（"科改行动"）以及国企改革"双百行动"进一步扩围深化，广州无线电集团有限公司入选"双百企业"名单。

在中央强调资本脱虚向实、赋能产业的宏观大背景下，广电运通利用母公司入选国企改革"双百行动"企业和广州市首家国有资本投资平台的政策优势，延续了"产业+资本"双轮驱动的运作模式。

从 ATM 到 AI，从处理钞票到处理数据，广电运通以创新提升改革动力，彻底改变了以自动柜员机为主的单一产业模式，成功构建了一条"智能终端+大数据"的完整产业链条，实现了面向 AI 领域的转型和蜕变。2020 年底，广电运通提出面向"十四五"规划的"124"发展战略，即始终坚持以客户为中心，聚焦金融科技和城市智能两条主线，布局算法、算力、数据、场景四大人工智能要素协同发展，以科技赋能传统产业升级。

作为全球前三的金融智能设备供应商和服务商，广电运通盈利能力以及财务健康状况长期位于行业前列，这为"产业+资本"

双轮驱动打下了坚实的基础。

2014年,广电运通围绕"同心多元化"战略,以资本收购布局武装押运业务,不断延伸拓展金融外包服务产业链条。2018年以来,广电运通通过资本运作,再次开辟第二增长曲线,陆续投资了相关产业链优质标的,构建起金融、安全、交通、便民等多种既有内在联系,又相对独立的人工智能应用场景,切入了数字经济投资、数据交易、信息安全等新赛道,数字经济产业布局不断优化拓宽,有效打造了数字经济优势产业集群,实现公司业绩快速提升,助力公司朝向百亿元营收规模目标不断前进。

党的十八届三中全会提出要"以管资本为主加强国有资产监管",这实际上有利于促进资本合理布局、规范资本合规运作、提高资本有效收益、降低资本亏损风险。为保证资产配置效率、激发资产运作活力、确保资本及时退出低效或不符合战略定位的领域,形成正向可持续的资本正循环,都必须建立一套科学有效的国有资本运作体系。

2023年以来,百年未有之大变局加速演进,以数据为关键生产要素的数字经济已成为拉动全球经济发展的新引擎。面对汹涌而来的数字经济发展浪潮,浪立潮头的挑战与暗流险滩的风险并存,如何能够保持定力行稳致远,确保国有资产做强做优做大是广电运通管理团队需要深入思考的问题。

从围绕"产业同心多元化"开展武装押运业务并购布局全国,到向人工智能战略升级开展相关产业赛道的一系列投资并购,广电运通始终紧跟企业发展战略,审慎高质开展各项产业投资工作。多年来,广电运通通过建立完善资本运作体系,打通"投融管退"闭环,极大地释放了资本价值,推动公司短板产业补链、优势产业延链、传统产业升链、新兴产业建链,逐步形成广电运通全过程、全方位、全要素的价值创造动力。

为把握数字经济发展机遇,广电运通紧密围绕战略发展方向及核心业务,着力加快数字经济产业投资布局。在整体投资方向上,公司优选产业协同高、业绩规模大、管理能力强的产业并购项目,在具体投资策略上,公司出台了《股权投资管理暂行办法》及《股权投资业务流程》,明确了投资的决策权限、权责清单、过程管理,通过建立清晰的决策链确保投资"投得正确、投得安全、投得可信"。

通过内延外拓,广电运通持续在金融、政务、交通、安防、教育、社区等细分场景深入延伸产业链,相继投资成立了运通智能、平云小匠、运通奇安等优质公司,同时通过资本手段陆续投资了深圳创自、广电信义、广电五舟、中科江南、像素数据、广州数据交易所、中金支付、中数智汇等优质标的。

在融资方面,广电运通探索出非公开发行、国企混改、分拆上市等一系列融资渠道，推动国有企业成为积极运用融资创新工具的"主力军"：通过结合子公司自身发展诉求，广电运通积极引入高匹配度、高认同感、高协同性的战略投资者，盘活内部优势资源，优化资源配置，赋能产业升级；通过推行员工持股，增强员工对公司的责任感和认同感，充分调动员工的主观能动性，打造员工与企业"利益共享、风险共担"的命运共同体；紧抓注册制改革机遇，筹划将符合条件的高成长性子公司推向资本市场，拓宽融资渠道，提升融资效率，帮助公司优质资产获取合理估值，进而提高公司整体市值及市场影响力。

在投后管理方面，作为国有控股上市企业，广电运通在业务层面给予子公司团队充分自主权的同时，牢牢把握坚持党对国有企业的领导、建立现代企业制度"两个一以贯之"，充分发挥党组织"把方向、管大局、促落实"的核心作用，将党建工作融入企业转型发展、改革创新的深层环节，为旗下企业的高质量发展夯实基础。同时，广电运通基于集"管理、服务、拓展"于一体的集团化管控理念，对子公司进行集团化管控，确保管理与分权相平衡。

在深化供给侧结构性改革背景下，加快国有企业非主业、非优势业务的"两非"剥离，抓好无效资产、低效资产的"两资"处置工作，是推动国有资本布局优化，助力国有资本保值增值的必要手段。广电运通根据公司战略发展规划，大力推进子公司资本运作效能提升专项工作，持续优化公司数字经济产业布局。通过建立常态化的投后管理制度，对于经营状况及业绩未达预期的非核心存量资产、与公司主业关联性较小或发展前景欠佳的存量业务，严格按照《企业国有资产交易监督管理办法》规定，在科学、系统地论证处理方案后，及时采取"关停并转"等手段，促进公司回笼资金，进一步优化公司产业结构，提高公司资金配置效率，实现国有资产运作提质增效。

建立健全集"投融管退"于一体的国有资本运作体系，是广电运通近年来加速数字经济产业版图扩张，推进体制机制创新、盘活内部优势资源、寻求外延式创新发展的强大动力支撑，有效助力了广电运通人工智能战略转型和高质量发展战略落地。其中，对中科江南的收购和培育无疑是最值得书写的。

广州市级国资体系首个"A拆A"案例

2022年5月18日，广电运通投资的中科江南（即北京中科江南信息技术股份有限公司）在深市创业板上市，这是广州市国资系统首家从A股上市公司分拆的上市企业，被称作中国资本市场上的一匹黑马。

广电运通不但从中科江南获得了销售额的贡献，还从资本市场获得了超高回报率。

广电运通与中科江南的渊源始自 2018 年。

广电运通投资总监黄敬超回忆，当时的广电运通高管团队一直希望继续发挥"产业与资本"双重优势，通过收购等资本手段迅速弥补广电运通的短板，形成竞争优势。收购中科江南将构建"硬+软"的新格局，为广电运通打开新赛道、拓展财政行业的细分领域打下坚实基础。

接到上述任务的广电运通投资管理部进行了专题调研。建立现代财政制度，是立足全局、面向未来的重要战略思想，全面推进财政业务改革，是党中央、国务院的一项重大战略决策，是"十二五"时期财税体制改革的重要内容。基于以上背景，政府财政信息化行业是一个具有较大投资价值的领域。此时，一家名为中科江南的公司进入了广电运通的视野。

中科江南创立于 2011 年 11 月，主要为各级财政部门、金融机构和行政事业单位等客户提供财政、财务、安全、服务等整体解决方案，主要产品和服务包括支付电子化解决方案、财政预算管理一体化解决方案、预算单位财务服务平台和运维服务等。财政资金安全关系到国计民生，随着新预算法的颁布，从国家到各地方的财政业务改革不断深入，利用互联网、大数据技术对"金财工程"进行总体重建和优化重构的需求非常迫切，财政领域信息化建设市场异常巨大。中科江南作为国内领先的智慧财政综合解决方案供应商，是国内少数几家全国性的财政信息化建设服务商，是人民银行、财政部国库资金电子支付标准的主要参与者。在为财政客户提供综合电子化业务解决方案的同时，中科江南还为银行提供金融信息安全和金融大数据服务，是集财政信息化建设与金融信息安全于一体的国内领先的软件公司，其核心产品应用了基于朴素区块链思想的人工智能技术，在国库集中支付电子化安全解决方案市场具有绝对的优势。

广电运通研究后认为，中科江南是一个优秀的信息安全类软件公司，作为在财政领域耕耘多年、行业经验丰富的厂商，具有全国性业务拓展的优势，可以迅速抢占财政信息化市场。

收购中科江南可以弥补广电运通软件业务的短板，切入财政信息化安全领域，完善广电运通智慧金融的业务布局，并可借助中科江南的电子凭证库技术从现金管理切入有价证券管理，切入财政电子化以及财政资金安全建设领域，迅速占领国内财政信息化建设的市场。广电运通由此将提升为集智能硬件生产、金融服务、安全软件、数据服务等多层次能力于一体的综合厂商，实现公司战略转型，这对广电运通布局智慧金融业务具有重要的战略意义。

对于此时的中科江南来说，广电运通可以带来巨大的品牌价值、潜在客户、技术后援、充沛的资金、规范的管理等，总之，对于中科江南来说，广电运通也是一家非常好的合作伙伴。

于是，双方合作一拍即合。

2018年2月8日，广电运通以3.128亿元收购中科江南46%的股权，双方携手开创"人工智能+"智慧金融领先格局，联合促成AI在智慧金融场景加速落地，助推实体经济产业转型升级，中科江南融入广电运通金融科技整体布局。

战略控股中科江南后，为将中科江南打造成为广电运通金融信息化、金融安全领域的产业平台，广电运通成为集智能硬件生产、金融服务、安全软件、数据服务等多层次能力于一体的综合厂商。

收购只是广电运通助力中科江南发展的第一步。收购后，广电运通积极探索中科江南的资本化道路。2019年，证监会分拆上市政策颁布后，中科江南立即启动分拆上市计划。

在广电运通的强力支持、双方的高度协同下，2021年9月10日，中科江南创业板分拆上市通过创业板上市委审核。2022年5月18日，中科江南正式登陆创业板（股票代码为"301153"），在资本市场迈出了重要一步。中科江南在创业板上市成为广州市级国资体系内首个"A拆A"案例，为广州市国资系统的资本运作探索了新路径、树立了新标杆。

广州国资收购整合经典范例

广电运通收购中科江南后进行的成功整合，也为广州市国资系统收购、整合其他企业积累了成功经验，提供了操作范式。

很长时间以来，收购后的整合都是一个难点。收购一家企业相对比较简单，收购后如何整合、发挥协同效应，如何持续激发被收购企业的发展潜力，是管理学上探讨量最多的话题，也是令很多企业家颇为头痛的问题。

被收购前，中科江南是一家纯民营企业。广电运通作为国有控股上市企业，在业务层面给予中科江南经营团队充分自主权的同时，牢牢把握坚持党对国有企业的领导，抓好企业内部控制和风险防范体系建设，致力提升公司治理的规范性、有效性，为中科江南高质量发展夯实基础。

针对中科江南党建工作薄弱的问题，广电运通在中科江南全面推进党建工作进章程，把企业党组织内嵌到企业治理结构，明确和落实党组织在企业法人治理结构中的法定地位，全面履行"三重一大"决策党组织前置研究程序，在组织落实、干部到位、职责明确、监督严格等方面实现全流程覆盖。

作为一家"老"上市公司，广电运通有着完善的公司治理架构，这为被收购企业进行高标准严要求的公司治理提供了参照和规范路径。为建立健全中科江南的治理架构，广电运通董事专职出任中科江南董事长，将上级党委部署要求贯彻到位；规范议事决策程序，完善授权管理，推进中科江南的公司治理和内控建设，提升规范治理水平。

在业务层面，广电运通收购中科江南后，基于中科江南在全国的营销及服务体系，整合广电运通的商务及技术资源，进一步提升中科江南营销与服务能力，极大地拓展了中科江南的市场面。2020年，中科江南与财政部信息中心签订协议，陆续为全国6万多家代理记账单位和1万多家会计师事务所超过21万名注册会计师提供电子证照服务。2021年，中科江南在江苏、云南等地区签订多个乡镇资金管理服务系统合同，中科江南的财政信息化服务从省市县三级向省市县乡四级发展。

此外，中科江南在2022年1月与国家医疗保障局签订协议，承建医疗电子票据应用区块链平台及电子票据共享项目，该项目预计为全国医疗就诊服务和医疗票据提供电子化服务。2022年4月，中科江南与苏州市财政局签订了基于财政国库支付电子化的数字人民币应用开发协议，实现集业务流、资金流、信息流于一体的财政资金数字人民币应用，为财政资金提供精准发放、定向使用、全流程监控的技术服务。

2023年，中科江南的国库支付电子化产品覆盖全国3000多个财政区划，2万多个银行网点，每年为80万家预算单位提供10多万亿元的财政资金支付服务。国库集中支付电子化覆盖了全国大部分的财政、银行客户。此外，财政预算管理一体化系统，在辽宁、河南、甘肃、湖南、广东、江苏等10多个省1500多个区县的应用，不仅确保了财政资金安全，而且提高了财政资金拨付效率。

中科江南融入广电运通金融科技整体布局以来，广电运通对中科江南进行了卓有成效的投后赋能，助力中科江南实现了业绩的快速增长。2022年中科江南营业收入达9.13亿元，净利润2.61亿元，分别为收购之初（2018年）的3倍和5倍，产业赋能成果显著。

对于中科江南以及广电运通双方来说，中科江南的分拆上市可谓意义重大，形成了一种双赢的格局。

从中科江南的角度来看，分拆上市有利于提升中科江南的品牌知名度及社会影响力，优化中科江南的管理体制、经营机制并提升管理水平。

本次分拆上市后，中科江南实现了与资本市场的直接对接，可以充分发挥资本市场直接融资的功能和优势，为中科江南后续发展提供了充足的资金保障。中科江南可以对其核心技术进一步投入与开发，提升行业地位，促进公司持续、健康长远发展。

可以说，中科江南通过此次募资，突破了企业成长的"天花板"，培育了新的经济增长点，奠定了未来发展的产业格局。

从公司治理角度看，本次分拆上市还有利于提升中科江南经营与财务透明度及公司治理水平，有利于资本市场对公司不同业务进行合理估值，使公司优质资产价值得以在资本市场充分体现，实现全体股东利益的最大化。

广电运通对中科江南的收购、整合、资本赋能，进一步激发了中科江南的发展潜力，使其成为广电运通旗下又一个优秀的业绩支柱，作为收购方的广电运通也从中受益良多。

中科江南与广电运通展开战略合作后，中科江南长期为银行提供金融安全和金融大数据服务的经验，助力广电运通的智慧金融业务扩展为集智能硬件、金融服务、安全软件、数据服务等多层次能力于一体的综合金融服务。中科江南是少数几家全国性的财政信息化建设服务商，是央行、财政部国库资金电子支付标准的主要参与者，中科江南可以助力广电运通切入财政领域电子化业务，赋能财政领域智能升级。中科江南与广电运通的合作将在技术研发、渠道等多方面的优势与资源形成互补，有效发挥协同作用，共同打造以人工智能为核心技术的集智能硬件、金融服务、安全软件、大数据服务等多层次能力于一体的综合智慧金融平台，拓展了财政领域业务，对推进广电运通"人工智能+"智慧金融产业发展具有重要意义。

收购以及成功运作中科江南，增强了广电运通金融科技板块实力，充分体现了"产业+资本"双轮驱动发展的中坚作用。

通过中科江南上市，广电运通不仅使企业的资本进一步多元化和社会化，更重要的是，将国有企业的经营管理建立在一个更加规范和市场化的框架下，使企业行为纳入市场化的激励和监督体系。

上市只是工具，应用工具的是人，所有的工具，所有的平台，只会对有理想、有梦想的人有用。

要发挥好上市平台的优势，为人所用，为企业的发展所用。在新一轮改革浪潮中，积极发展混合所有制经济已成为中国深化经济体制改革探索的重要内容，而上市公司作为股权结构多元化的企业形态，可以更好地发挥混合所有制的优势。

中科江南的分拆上市还完善了公司的激励机制，为持续稳健经营奠定了机制基础。上市前，中科江南设立了管理层、核心骨干人员持股平台，分拆上市有利于完善公司激励机制，激发管理人员的积极性和创造性，有利于中科江南可持续地稳健发展。

事实上，广电运通一直在探索混合所有制等先进机制对企业发展的促进作用。

广电运通自身就是混合所有制改革的一个成功案例，在上市之前，广电运通实施了股份制改革，将公司骨干纳入股东范围，通过混合所有制焕发了企业的活力，造就了广电运通在 ATM 时代的辉煌。

中科江南可谓复制了广电运通过往在混合所有制方面的成功，且又创造了新高度、新模式。

对中科江南先战略控股，产业培育后再分拆上市，之后利用资本市场的力量快速壮大，这"三步走"是广电运通在资本运作中一记漂亮的组合拳。

这也是广电运通落实母公司广州无线电集团高质量创新发展战略的又一重大成果，是广州无线电集团资本运作的又一成功样本。

为持续深化公司产业布局，践行对标世界一流的新集团化管理，2023 年 8 月 17 日，广电运通召开 2023 年第一次临时股东大会，表决通过了《关于变更公司名称暨修订〈公司章程〉的议案》。2023 年 9 月 5 日，公司完成工商变更登记，"广州广电运通金融电子股份有限公司"正式更名为"广电运通集团股份有限公司"。

更名后的广电运通通过构建高效集团化管理模式，充分激活企业"内生外延"增长动力。一方面，各下属业务单元可依托集团公司资源集中配置优势，充分发挥产业协同效应，深耕数字经济核心业务市场，实现业务全面优化升级，不断提升公司竞争力和盈利能力。另一方面，集团总部将进一步完善科学合理的资本运作体系，通过提升资本运作能力，加快数字经济相关产业并购，推进数字经济产业多元化、差异化布局。同时通过资本力量可以持续优化子公司股权结构，加快推进子公司股改，不断推动子公司业务做强做优做大。

作为深化落实"124"战略的重要举措，此次更名向外界释放了广电运通将通过构建高效集团化管理模式，持续深化"产业+资本"双轮驱动、抢抓数字经济"新赛道"、加快数字技术赋能实体经济的强烈信号，标志着广电运通以数字化转型推进企业高质量发展进入新阶段。

深化混改 成功实现体制机制双重革命

一个优秀的企业，无论是国企还是私企，都必须是一个内生式自我驱动的鲜活生命体，能够持续专注于创新与企业体制机制变革，使自身在不断变化的内外部环境中，始终保持进步，始终保持领先。

自诞生之初，广电运通就注定了要在残酷的市场竞争中求生存，与身处资源性、能源性领域的国企不同，广电运通没有任何垄断优势，完全要靠着自己去"找食"。一路走来，广电运通以饮"头啖汤"的胆略，在全国改革开放中时时处处"先行一步"，大胆探索实践，成为非垄断产业国有企业变革、开拓图强的样本，被广州市国资委列为国企学习的标杆。

2018年，广电运通正式开启从ATM向AI转型的时候，母公司广州无线电集团显然是背后的积极支持者，在体制允许的范围之内，广州无线电集团给了广电运通人最大限度的信任、最大限度的授权，给了广电运通人最充分的自主空间。这是广电运通能够顺利转型、取得转型关键成就、实现转型目标的前提。

事实上，这也是广州无线电集团一直以来的做事风格和文化底蕴——在母公司层面，保持100%的国有股份，确保大盘稳定、安全；在二级公司层面，按照国资委的有关要求，进行混合所有制改革，充分释放市场的活力。广州无线电集团旗下的广电运通如此，海格通信如此，广电计量等也是如此。正是这种先进的体制优势，让广州无线电集团从20世纪90年代开始进入新的腾飞阶段，二级公司迅速做大、上市、成为行业内的龙头企业。广州无线电集团自身的综合实力也迅速增强，成为广州市属国有企业里面的一匹黑马、实力担当。

广电运通将广州无线电集团的上述体制优势也复制到了分子公司上，如运通智能、运通信息等从内部某个部门孵化出来的公司。运通智能、运通信息、平云小匠的业务市场化程度非常高、竞争非常激烈、风险非常大，只有充分激发创始团队、经营管理团队的激情，并且将其个人利益与公司利益绑定，公司才有可能得到长足发展。因此，在国家大力提倡混合所有制的背景下，广电运通上述多家经营单位实施了混合所有制改革。

2016 年成立的运通智能是以市场为导向、以科技人员为主体、以核心自主知识产权为基础开展经营活动的国有科技型高新技术企业，也是广州市第一批人工智能库企业。

轨道交通行业自 2017 年以来进入改革发展窗口期，行业快速变革，智慧轨交业务规模爆发式增长。轨道交通位列七大"新基建"板块第三位，投资份额占比达 50%，是重点新兴技术应用的重要"场景战场"。运通智能所处的赛道符合国家发展趋势，有非常大的想象空间，因此获得了投资者的一致看好。

员工持股、混合所有制改革是国企混改至关重要的改革措施。运通智能继承了广州无线电集团体制和机制创新的基因，在混改中坚持"以岗定股、动态调整"的原则，积极推进员工持股相关工作，让员工增强对公司的责任感和认同感，充分调动员工的主观能动性，让大家真正为共同的利益而奋斗。

2021 年 6 月 18 日，广电运通召开第六届董事会第九次（临时）会议，同意全资子公司运通智能以公开挂牌方式引入战略投资者和实施员工持股，其中员工持股平台按引入战略投资者的最终认购价格同步入股，运通智能通过广州产权交易所公开挂牌，挂牌底价为 3157.80 万元，对应每一元注册资本认购底价为 2.77 元。

广州国资混改一期股权投资基金合伙企业（有限合伙）以 3157.80 万元的价格成功摘牌，员工持股平台以相同价格同步入股，共出资 6260.20 万元。本次运通智能共计融资 9418 万元。此次融资后，运通智能的股权结构为公司占比 70.1754%。

运通智能的员工持股制度吸引了智慧轨交领域的技术领军人物、打造培育了自有专家团队，保持并扩大公司当前技术领先优势，对提高企业经营效率、激发员工的积极性和创造力、改善企业的治理规则和结构，避免经理人的短期行为和促进企业的长期发展等方面都有重要意义。

为进一步推动运通智能快速发展，广电运通再度为其引入战略投资者。2023 年 6 月 2 日，广电运通发布公告，控股子公司运通智能收到广州产权交易所有限公司发出的《遴选结果通知书》，广州城发智创股权投资合伙企业（有限合伙）、广州科金金泰私募股权投资基金合伙企业（有限合伙）等 14 家机构为运通智能增资项目的最终投资方，合计认购金额为 2.2 亿元（其中：2786.66 万元计入注册资本，占增资后运通智能注册资本的 19.64%，剩余

1.92 亿元计入资本公积）。本次增资扩股完成后，广电运通持有运通智能 56.39% 的股权，仍是运通智能的控股股东。

新一轮的资金注入，进一步深化了运通智能的混合所有制改革，激发了企业创新活力与发展动能。引入国有资本和非国有资本联合投资，为运通智能人工智能战略高质量发展提供了强大的内生动力、创新实力、开放活力，为国企混改提供了好经验、积累了好做法。

运通智能是广州无线电集团入选"双百企业"、改组成为广州市首家国有资本投资公司试点企业后的又一份满意答卷，也是广州市国企混改政策落地的又一个经典案例。

平云小匠则属于广电运通"内部创业"的公司，其主业与广电运通没有直接关联，业务形态非常创新。这家公司一开始就采取了混合所有制。

2022 年 1 月，广电运通第六届董事会第十七次（临时）会议同意平云小匠以增资扩股的方式引入战略投资者，战略投资者通过广州产权交易所公开挂牌产生。本次增资扩股，平云小匠拟以每 1 元注册资本不低于 16.3691 元的认购价格，新增注册资本不超过 427.6349 万元（含）。2022 年 3 月，广州弘润高新投资合伙企业（有限合伙）、佳运创新投、广州科金金泰私募股权投资基金合伙企业（有限合伙）、广州广商鑫富产业投资基金合伙企业（有限合伙)四家机构组成的联合体以 6899.9998 万元的价格成功摘牌并于 4 月签署了《企业增资扩股合同》,本次平云小匠共计融资 6899.9998 万元。平云小匠通过此次募资,股权结构更加多元,为发挥体制和机制优势、持续发展奠定了良好的基础。

除了上述资本创新、机制体制的创新,从企业内部的视角看,广电运通以及分子公司稳健发展还有一个重要原因,那就是管理创新。

创新管理"四能"机制

优化人才比优化资产更重要,很多企业之所以在激烈的市场竞争中走下坡路,根本原因就是没有人才,更没有一套培养人才的机制。

在广电运通公司内部,灵活的机制是转型成功的重要保障。广电运通一直坚持走市场化运作模式,包括控股股东广州无线电集团在内,一直延续着现代化的企业管理制度。

多年来,广州无线电集团和上市公司在管理上一直坚持"四能"的做法,即机构能分能合、干部能上能下、员工能进能出、薪酬能高能低。

由于外部环境和市场的急剧变化,以及部分管理团队自身成长不够快，广电运通设立的分子公司也并非100%都经营得非常好。对于长期达不到经营目标、存在管理不善等问题的分子公司，广电运通不护短、不掩盖问题，而是勇敢面对、果断处理，该清盘就清盘，该合并就合并。在内部机构的设置、撤销上，根据实际情况的需要，灵活处理，不拘泥于任何教条、不顾及任何人的脸面。

广电运通内部，干部与员工之间的关系非常简单，想干事、能干事、干成事的人就上，不能者就下。在这一原则之下，广电运通全面实施干部述职竞聘机制，落实排名末位淘汰，实现干部从"要我做"到"我要做"的转变，打破了传统国有企业干部和员工能上不能下、能进不能出、工资能升不能降的种种弊端，摒弃了传统国有企业逐步沦为"养老机构""福利机构"的窠臼，营造了一个充满竞争、收入与工作绩效挂钩的工作环境。

广电运通一旦出现管理岗位的空缺，通常会采用三种招聘办法来选拔人才。第一种是定向招聘，提前圈定好意向人选，根据公司聘任机制，如果在考核期内意向人选能够通过公司考核，就会被任用。第二种是不定向内聘，如果公司没有意向人选，那么公司的每个人，无论什么部门，什么职位，都可以去竞聘某个岗位。采用不定向内聘，一来可以让一些人根据自身发展兴趣来调换工作岗位，避免将合适的人放到了不合适的岗位上，二来可以吸引有能力、有抱负的人主动跳出来去竞聘，为公司挖掘一些"黑马人才"。只有当上述两种招聘方法都无效，广电运通才会采取社会招聘的形式，从公司外部挖掘人才。这种人才招聘机制最大限度地留下并激励公司员工的上进心，让他们不会因为埋怨没有发展空间而辞职跳槽。

在绩效考核方面，广电运通坚持"结果导向、业绩为王"的市场化考核激励机制，全面推进经理层任期制和契约化管理，强调积极进取，不让有贡献的人吃亏，这样才能使公司人才队伍永葆生机和活力。

在这一点上，广电运通、广州无线电集团都采取了类似华为的做法——不让雷锋吃亏，也就是说，公司内部的晋升、进出、收入与绩效直接相关，员工不用看任何人的脸色、不用搞各种"关系"，只要一心搞好工作、作出贡献，就可以拿到应该得到的物质回报，以及与之匹配的职位、荣誉，等等。这极大地释放了广电运通内部的工作动力、激发了创新激情。其实，从更深层的原因看，拥有广电运通这样的体制和机制"双重优势"的国有企业也不少。但是，能如广电运通这样紧跟时代步伐、敏捷转型、短短几年之内就在新领域内成就斐然的国有企业不多。这说明，体制和机制的双重优势只是成功的必要条件，而非充分条件，更非关键条件。那么，广电运通成功转型，并取得今天的成就的更关键的原因是什么？

作为跟踪研究广州无线电集团和广电运通近 20 年的第三方学者，我觉得这个更关键的因素就是人——是广电运通的核心经营管理团队，是经营管理团队的价值观、经营管理理念、合适的机制，以及领导团队的担当、责任意识，当然还有在此基础之上形成的企业文化、方法和路径。

合适的人才在适当的大环境，在配套的区域经济、高速发展的行业，以及优秀的团队中才能发挥作用，形成团队能力。

当然，时代的机遇、产业的兴衰、区域经济的变革可遇不可求，唯有创新，唯有不断提升自己是永恒不变的。

广电运通管理团队的创新意识、危机意识、家国意识、共赢意识将让广电运通实现可持续发展。

不是结语的结语
路远,行则至;事难,做必成

道虽迩,不行不至;事虽小,不为不成。

——荀子·修身

虽然广电运通转型已经取得了阶段性成功,对未来的布局也比较完善,但广电运通的数字化发展之路还任重而道远,数据要素等产业的发展环境也还面临一些亟待解决的问题。就数据交易环节来说,还面临数据资产究竟如何分类登记、确权、定价、交易等困难,严重影响了数据资源的循环畅通。不过,数据的重要性已经为社会各界深刻认知,数据资产的价值已经得到越来越广泛的认可。

2024年2月6日,在广州市委市政府、市国资委的指导和支持下,以广电运通母公司广州无线电集团为基础,改组成立的广州数字科技集团正式揭牌。改组后的广州数字科技集团将肩负推动广州数字经济高质量发展的重任,致力于打造成为数字经济时代地方国企的"标杆企业"。

在数据要素产业全面提速的背景下,母公司此次改组对广电运通而言无疑是重大利好,广电运通将以这次改组为契机,积极融入国家发展大局,以数字科技的力量打造培育新质生产力,为建设智慧大湾区和"数字中国"贡献力量。

路虽远,行则将至;事虽难,做则必成。

这就是广电运通发展之路。

清华大学政治经济学教授任剑涛指出,当下的中国经济处于"三期"叠加态:增长速度换挡期,这是由经济发展的客观规律所决定的;结构调整阵痛期,这是加快经济发展方式转变的主动选择;前期刺激政策消化期,这是化解多年来积累的深层次矛盾的必经阶段。"三期"叠加态既给中国企业的发展带来了一些动荡因素,也提供了良好的发展机遇。

世界正在进入乌卡时代。VUCA,是 volatile, uncertain, complex, ambiguous 的缩写,指正处于一个易变性、不确定性、复杂性、模糊性的世界里。当今世界正处于战略变化和高度动荡的时期。2023 年,美国、欧洲、日本等经济体的下行趋势难以逆转,全球通胀压力仍将持续,全球经济大概率将延续低增长态势。经济颓势也伴生并引发了非经济层面的秩序紊乱,地缘政治高度紧张,全球化暗礁四伏。预计未来几年的宏观环境及经济状况将具有更大的挑战性和不确定性。

全球经济环境复杂多变，对金融科技多领域产生深刻影响，《2022年中国金融科技生态白皮书》指出，中国金融科技发展从"立柱架梁"进入了"积厚成势"的新阶段。

德鲁克说，动荡时代最大的危险不是动荡本身，而是仍然用过去的逻辑做事。

数字经济是一个巨型的、复杂的系统，任何一个单位在研究数字经济的时候，一定要做好顶层战略的规划。信息技术已经渗透到整个社会的各个方面，其广度和深度是历史上其它技术没有过的。算力、网络具备很强的公共基础设施特性，一家公司主导一个封闭的信息产业链已经不再可行。只有开放性的产业环境，才能促进不同环节、不同角色的百花齐放、优胜劣汰，进而构建更加有竞争力的产业生态，可以说没有开放就没有成功的生态。

"开放生态才能共赢未来"的理念如今已经成为行业共识。实现新一轮数字经济生态繁荣，需搭建"政府+科技企业+生态伙伴+中小企业"联合的创新融通平台。政府搭台，用资金和政策引导创新融通平台建立，并做好服务及监管。而像广电运通一样的科技公司，应该充分发挥"链主"作用，协同生态伙伴提供技术"能力+落地"服务，全面推动各行各业的数智化转型。

数字经济时代，企业与企业之间也不再是产品的竞争，而是平台与生态链的竞争。作为一家提供数字化技术及解决方案的企业，广电运通只有把企业变成平台，去沉淀用户、挖掘数据、形成生态圈，才能在竞争过程中所向无敌，成为赚钱的企业。

作为数字经济企业，广电运通布局了金融科技和城市智能两大领域，在这个生态圈里占据了非常重要的位置。以数字金融为交汇，可以起到穿针引线的作用。这个作用发挥好了，就能起到一个乘数效应，让广电运通未来的路越走越宽。

万物皆可为我所用。在这个生态里，广电运通进一步打开自己的格局，不断提升集成创新能力，通过自己的独特优势、引领行业的技术和能力，迅速聚集出一批能够共同做大业务规模的伙伴，充分发挥自身影响力推动行业进步。

2022年9月，黄跃珍就任广电运通母公司广州无线电集团党委书记、董事长。2023年1月，广电运通正式迎来新一届经营管理团队。平稳接棒的高素质企业领军人多年来与广电运通同风雨、共成长，充分展现出优秀的个人素质、敏锐的市场意识、履职尽责的担当精神、强烈的事业心和使命感。他们当中既有管理经验丰富、工作作风务实的资深力量，也有专业素质过硬、勇于开拓创新的新鲜血液。

观察家们认为，拥有一支素质过硬、能打硬仗、使命必达的经营管理团队，广电运通的发展目标一定可以实现。

在业内人士看来，广电运通已实现了向人工智能行业转型，进入了新的发展阶段。但对于广电运通而言，转型升级仍旧还在路上，距离最终目标还有很远很远的距离。就数据交易来说，还面临数据资产定价机制不够成熟、交易规模不够大等诸多客观困难。不过，数据的重要性已经为社会各界深刻认知；数据资产的价值已经得到越来越广泛的认可。未来，广电运通将持续聚焦在人工智能与数据领域，持续耕耘，成为世界一流的数据服务提供商。

路虽远，行则将至；事虽难，做则必成。

有着极高专注度、极强前瞻性、极大危机意识的广电运通人，让我看到了广电运通的无限未来。面对数字化的星辰大海与漫漫征程，广电运通必定行稳致远、未来可期……